KB123081

세계의 장례와 문화

세계의 장례와 문화

1판 1쇄 발행 2019년 7월 1일

지은이 건양대학교 웰다잉 융합연구회
펴낸이 박찬규
펴낸곳 구름서재
디자인 신미연

등록 제396-2009-000058호
주소 서울시 마포구 서교동 375-24 그린홈 403호
이메일 fabrice@naver.com
블로그 http://blog.naver.com/fabrice
ISBN 979-11-89213-05-3 (93380)
이 저서는 2017년 대한민국 교육부와 한국연구재단의 지원을 받아 수행된 연구임.
(NRF-2017S1A5B6066807)

• 책값은 뒤표지에 있습니다.
• 잘못된 책은 구입한 서점에서 바꿔드립니다.

장례문화로 보는 세계인의 삶과 죽음

세계의 장례와 문화

건양대학교 웰다잉 융합연구회

구름서재

머리말 11

제1장 [총론편] 세계인의 죽음관과 장례문화

1. 인간 문명과 죽음의 문화 25
2. 종교에 따른 내세관과 죽음의 문화 29
- 유교의 내세관 29
- 기독교·유대교·이슬람교의 내세관 30
- 불교·힌두교의 내세관 31

3. 문화에 따른 죽음관과 장례 풍습 33
4. 축제로 승화된 장례문화 36
5. 유네스코 세계문화유산과 무덤 40
- 이집트의 피라미드 42
- 인도의 타지마할 43
- 중국의 진시황릉 44
- 독일의 슈파이어 대성당 46
- 영국의 웨스트민스터 사원 47
- 덴마크의 로스킬레 성당 48
- 덴마크 옐링의 성당과 고분 48
- 이탈리아의 반디타치아 공동묘지 51
- 이탈리아의 시라쿠사와 암석묘지 53
- 그리스의 베르기나 고고유적 54
- 아프리카의 아스키아 무덤 55
- 몽골 알타이의 암각 예술군 56

제2장 아시아의 장례문화

[한국]

1. 우리나라의 장례와 문화 61
2. 장례로 보는 죽음관 66
3. 문화유산으로 남은 우리나라의 상장례 문화 69
- 선사시대의 고인돌유적 69
- 종묘 72
- 경주 대릉원지구 75
- 백제 송산리와 능산리 고분군 77
- 조선 왕릉 79
- 고구려 고분군 82
- 망우리 공원묘지 84

4. 축제로서의 장례 85

[일본]

1. 일본인의 종교와 죽음관 90
2. 전통 일본 장례의 절차 94
- 혼부르기 94
- 유칸 94
- 사자밥 95
- 입관 95
- 오쓰야 96
- 문상 96
- 안장 98
- 제사 98

3. 현대 일본의 장례 99
4. 죽은 영혼들을 위한 오봉축제 105
■ 오봉 105
■ 봉오도리 축제 106

[중국]
1. 중국인의 전통적 죽음관과 장례문화 110
2. 중국의 다양한 장례문화 114
■ 절벽에 관을 매다는 현관장 114
■ 나무 위에 안장하는 수장 116
■ 독수리에게 시체를 먹이는 천장 116
■ 죽은 자의 시체를 태우는 화장 118
■ 한족의 전통적인 장례 토장 119
3. 현대 중국의 장례문화 121
■ 중국 장례문화의 변천 121
■ 중국인들의 묘지 125
■ 만안공묘 127

[티베트]
1. 윤회와 환생의 죽음관 129
2. 티베트 사자의 서 134
3. 천장 139

[인도]
1. 윤회를 바탕으로 한 힌두교의 장례문화 144
2. 삶과 죽음이 함께 하는 바라나시 146

[네팔]

1. 네팔의 장례문화 152
2. 삶과 죽음이 공존하는 바그마티강 154

[캄보디아]

1. 캄보디아의 장례와 제례 의식 158
   - 종교와 장례의식 158
   - 캄보디아의 제사 명절 프춤번 158
2. 힌두교의 우주관을 표현한 앙코르와트 161
3. 삶과 죽음의 참혹한 역사 킬링필드 167

제3장 유럽의 장례문화

[독일]

1. 독일의 장례 역사와 죽음 인식 175
2. 현대 독일의 장례문화 178
3. 도시인들에게 휴식을 주는 공원묘지 182
   - 프랑크푸르트 시립중앙묘지(숲묘지) 183
   - 함부르크 올스도르프 공원묘지 183
   - 베를린의 룰레벤 공동묘지 185

[스웨덴]

1. 진정한 애도가 있는 나라 스웨덴 187

2. 스웨덴의 다양한 장례문화 190
3. 세계문화유산 우드랜드 192

[프랑스]
1. 프랑스의 장례문화 196
2. 묘지도 관광상품이 되는 나라 198
- 파리인의 자부심 페르 라세즈 198
- 죽음교육과 관광에 활용되는 카타콤브 지하묘지 200
- 몽파르나스 시민공원 202
- 몽마르트르 묘지 204
- 프랑스 위인들의 전당 팡테옹 204

제4장 남미의 장례문화

[멕시코]
1. 멕시코의 역사와 죽음문화 209
2. 아즈텍 문화의 전통 장례의식 214
3. 오늘날 멕시코의 장례문화 217
- 산타폴라 판테온 공원묘지 221

4. 멕시코의 전통 명절 죽은 자들의 날 222

[아르헨티나]
1. 아르헨티나 장례식의 특징 225
2 . 레콜레타 묘지공원 227

제5장 아프리카와 오세아니아의 장례문화

[아프리카]

1. 공동체와 슬픔을 나누는 아프리카의 장례문화 231
   - 부르키나파소 부족들의 장례식 232
   - 케냐 부족들의 장례식 233
2. 춤과 노래가 어우러진 아프리카의 장례문화 236
   - 말리 부족들의 장례식 236
   - 가나 부족들의 장례식 239

[뉴질랜드]

1. 뉴질랜드의 다양한 종교와 장례문화 243
   - 뉴질랜드의 전통 종교와 생사관 243
   - 근대 뉴질랜드의 장례문화 245
2. 마오리족 원주민들의 장례와 문화 250
   - 마오리 족장의 묘 253
3. 오클랜드 공원묘지 254

머리말

죽음에 대해 한 번도 생각해보지 않은 사람은 없을 것입니다. 다만 죽음을 자신과 무관한 추상적인 가치가 아닌 현실의 사건으로 받아들이는 경험은 대개 가까운 사람의 죽음을 겪을 때일 것입니다. 그 경험은 일반적으로 장례식장에서 이루어집니다. 고인의 영정과 마주하고 종교에 따라 혹은 사회의 관례에 따라 일정한 의식을 치르고 남은 사람들과 슬픔을 나누는 것이 우리 사회의 일반적인 장례식입니다. 장례식의 절차는 여기서 끝나지 않고 고인의 시신을 운구하여 장지까지 옮기고 마지막으로 고인을 추모하는 의식까지 전 과정을 포함합니다. 장례식의 본질은 고인을 추모하고 남아 있는 사람들이 슬픔을 나누며 일상의 삶으로 돌아가기 위한 과정일 것입니다.

고인을 추모하고 슬픔을 나누기 위해 장례를 치르는 것은 전 세계 사람들에게 동일합니다. 다만 장례의 방식과 세부적인 형식, 고인을 떠나보내는 과정은 문화에 따라 종교에 따라 그리고 사회적 관례에 따라 서로 다릅니다. 『세계의 장례와 문화』의 출간은 저마다의 삶과 문화, 종교 속에서 전 세계의 장례문화를 보다 깊이 있게 들여다보고 이해하기 위해 이루어졌습니다. 세계의 장례문화를 살펴보면 여러 국가의 종교, 문화에 대해, 또한 그 안에 속해 있는 사람들의 가치관과 신념에 대해 이해할 수 있습니다. 장례문화는 지리적 환경과 풍속, 사후세계에 대한 관념, 죽음관과도 깊은 관련이 있습니다. 특히 종교는 장례의 내용과 형식에 많은 영향을 끼칩니다. 무속신앙은 물론 유교, 불교, 기독교는 인간의 삶과 죽음을 저마다의 방식으로 설명하고 사후세계에 대해 이야기합니다. 우리는 세계 각국의 장례문화를 살펴보면서 인간의 삶과 죽음에 대해 보다 깊은 이해에 도달하게 될 것입니다. 『세계의 장례와 문화』는 세부적인 장례의 절차나 모든 시대, 모든 나라의 장례에 대해 상세하게 다루고 있지는 않습니다. 다만 주요 국가의 장례 풍속이나 죽음관념을 살펴봄으로써 세계인들의 죽음에 대한 이해와 수용 방식을 대략적으로나마 소개하려고 합니다.

마지막으로 『세계의 장례와 문화』를 출간하게 된 계기를 간략하게 말씀 드리겠습니다. 건양대학교 웰다잉 융합연구회는 2014년 한국연구재단의 학제간 융합연구 지원사업에 선정되어 연구 활동을 시작했습니다. '한국인의 사회적 삶의 질 향상을 위한 의료인문학 기반 완성적 죽음교육프로그램 개발'이라는 주제로 현재까지 연구를 수행하고 있습니다. 연구의 핵심 내용은 교육현장에서의 죽음교육을 위한 전문가 양성, 죽음교육을 위한 사회 시스템 구축 등 죽음교육프로그램의 개발과 운영입니다. 지금까지 연구팀은 죽음에 대한 개념 정립과 죽음이라는 현상에 대한 이해, 죽음교육의 필요성, 사별과 치유의 문제 등에 관심을 가지고 학문적 연구를 진행해 왔습니다. 최근 우리 사회에 웰다잉에 대한 관심이 높아짐에 따라 죽음의 문제를 좀 더 공론화하여 학문적으로뿐 아니라 일상의 담론으로 끌어내야겠다는 생각을 하게 되었습니다. 죽음의 문제가 학문적인 논의에만 머문다면 죽음과 늘 마주하고 있는 우리 삶의 자세도 변하지 않을 것이기 때문입니다. 말하자면 우리는 죽음을 두렵고 피해야할 대상이 아니라 삶의 일부로 받아들일 수 있어야 합니다. 그런 이유에서 우리 연구팀은 일반인을 대상으로 죽음교육을 실천해왔고 『세계의 장례와 문화』와 같은 교양서를 출간하게 되었습니다. 이 책을 읽는 독자들이 세계 각국의 장례 풍속에 대해 이해하고 나아가 죽음의 문제에 대해 보다 깊이 성찰할 수 있었으면 좋겠습니다.

2019년 6월 20일

건양대학교 웰다잉 융합연구회

김광환(연구책임자)

계명대학교 공중보건학과에서 '환자이탈군 특성요인과 이탈환자 예측모형에 관한 연구'로 보건학 박사학위를 받았다. 건양대학교 병원경영학과에 재직하면서 의무기록 강의를 하고 있다. 대한보건정보관리학회 학회장을 맡았고, 현재 한국연구재단 융합연구총괄센터 융합연구학회 부회장으로 재임하고 있으며, 한국산학기술학회, 한국융합학회 의과학분과 논문지 편집위원장을 맡고 있다. 저서로는 『지혜로운 삶을 위한 웰다잉』(구름서재), 『내 인생 저만치에 죽음이』(북랩) 등 웰다잉 관련 도서 4편을 공동저자로서 저술하였다. 논문으로 「A Study on the Characteristics of Patients Deceased at Convalescent Hospitals」(Indian Journal of Science and Technology)등 100여 편의 논문이 있다. 현재 건양대학교 웰다잉 융합연구회의 책임연구원으로 죽음교육에 관한 연구를 진행하고 있다.

안상윤

충남대학교 대학원에서 '경영상 해고 후 잔류 종업원의 행동변화에 대한 연구'로 경영학박사 학위를 받았다. 충남대학교 기획연구실에서 국제교류 및 홍보팀장으로 근무하였으며, 지금은 건양대학교 병원경영학과 교수로 병원조직인사관리, 의료마케팅과 소비자행동, 의료관광학,

의료커뮤니케이션, 자본주의정신과 직업 등을 강의하고 있다. 대외적으로는 대한경영학회 부회장, 보훈복지의료공단 경영자문교수 등으로 활동하고 있다. 저서로는 『의료소비자행동의 이해』를 비롯한 13종의 책이 있고, 연구논문으로는 「종합병원의 전략 지향성이 성과에 미치는 영향」을 비롯한 25편이 있다. 현재 건양대학교 웰다잉 융합연구회의 공동연구원으로 죽음교육에 관한 연구를 진행하고 있다.

김용하

서강대학교 경영학과에서 '의료기관의 명성과 서비스품질 간의 관계에 관한 연구'로 박사학위를 받았다. 건양대학교 병원경영학과 교수이며, 건양대학교 부총장 및 건양대병원 행정원장을 역임하고 있다. 충남녹색성장 포럼위원회 위원장을 맡았었고, 전 한국 서비스경영학회 회장을 거쳐 현재 대한결핵협회 대전, 세종, 충남지부 지부회장을 맡고 있다. 최근 논문으로는 「A Study on Perception on Death, Action on Death Preparation, and Death Education among Medical Personnel」(Indian Journal of Science and Technology)을 게재하였으며 현재 건양대학교 웰다잉 융합연구회의 공동연구원으로 죽음교육에 관한 연구를 진행하고 있다.

이종형

한림대학교 통계학과에서 '신뢰성분야 연구'로 박사학위 받았으며 서울대학교 복잡계통계연구센터에서 박사후 연구원으로 연구를 수행하였다. 연세대학교 보건대학원에서 보건학 석사학위를 받았으며 현재 병원경영학과 교수로 통계학, 컴퓨터 프로그래밍 분야를 강의하고 있다. 신뢰성, 통계학, 빅데이터, 보건학 및 웰다잉 분야에 관심을 갖고 40여 편의 논문을 게재하였으며 현재 건양대학교 웰다잉 융합연구회의 공동연구원으로 죽음교육에 관한 연구를 진행하고 있다.

김문준

성균관대학교 동양철학과에서 '우암 송시열의 철학사상에 관한 연구'로 철학박사 학위를 받았다. 건양대학교 휴머니티칼리지 교수로 재직하면서, 건양대학교 부설 예학교육연구원 원장을 맡고 있다. 동양철학과 한국철학 등을 강의하고 있다. 지은 책으로는 『동양철학의 이해』(건양대출판부), 『우암 송시열의 생애와 사상』(남간사), 『우암 송시열이 추앙한 선현들』(남간사) 등이 있으며, 「유학에서의 늙어감에 관한 지혜」 등 유학사상, 동양사상 문화 관련 논문이 다수 있다. 현재 건양대학교 웰다잉 융합연구회의 공동연구원으로 죽음교육에 관한 연구를 진행하고 있다.

심문숙

이화여자대학교 간호대학을 졸업하였으며, 이화여자대학병원 중환자실 임상경력이 있다. 건양대학교 간호대학에 재직하면서 지역사회간호를 강의하고 있으며, 『지역사회간호학』, 『노인간호』, 『보건교육』, 『보건의료법규』 등 저서를 집필하였다. 노인요양시설경영자과정과 한국간호교육학회 주관 호스피스간호 임상연수를 받았으며, 한국보건간호학회장으로 봉사하고 있다. 여러 편의 논문이 있으며, 현재 건양대학교 웰다잉 융합연구회의 공동연구원으로 죽음교육에 관한 연구를 진행하고 있다.

송현동

한국학중앙연구원에서 한국의 죽음의례연구로 철학 박사학위를 받았다. 건양대학교 글로벌호텔관광학과에 재직하면서 관광인류학, 웰니스 관광, 교양과목으로 삶과 죽음의 인문학, 죽음학 등을 강의하고 있다. 지은 책으로 『서울 사람들의 죽음, 그리고 삶』(서울특별시시사편찬위원회)이 있고, 논문으로는 「그랜드 투어의 관광사적 의미 고찰」(관광레저연구), 「한국 종교관광의 특성과 과제」(종교연구), 「관광지 개발에 대한 비판적 고찰-전주 한옥마을의 사례」(한국외식산업학회지), 「한국 신종교의 문화관광콘텐츠 잠재성 연구」(신종교 연구) 등이 있다. 현재 건양대학교 웰다잉 융합연구회의 공동연구원으로 죽음교육에 관한 연구를 진행하고 있다.

박아르마

서울대학교 대학원 불문학과에서 미셸 투르니에 연구로 불문학 박사학위를 받았다. 건양대학교에 재직하면서 글쓰기와 문학 강의를 하고 있다. 지은 책으로 『글쓰기란 무엇인가』(여름언덕)가 있고, 논문으로 「An Analysis of Death Education-related work duty on medical care providers using the dacum method」(International Journal of Applied Engineering Research)와 번역한 책으로 『로빈슨』, 『유다』, 『살로메』(이상 이룸), 루소 『고백』(책세상) 등이 있다. 현재 건양대학교 웰다잉 융합연구회의 공동연구원으로 죽음교육에 관한 연구를 진행하고 있다.

최문기

부산대학교 심리학과 졸업 후 프랑스 리옹II대학에서 인지심리학 석사 및 박사학위를 받았다. 박사논문은 불안증을 중심으로 한 인간의 감성과 인지가 상호작용하는 방식을 다양한 심리학실험으로 논의하였다. 건양대학교 휴머니티칼리지 및 심리상담치료학과에 재직하면서 주로 심리학 기초 및 감성 심리학을 강의하고 있다. 논문으로는 「Different mechanism of visual attention in anxious and nonanxious population」(인지과학) 등 20여 편이 있다. 건양대학교 웰다잉 융합연구회의 공동연구원으로 죽음교육에 관한 연구를 진행하고 있다.

임효남

건양대학교 졸업 후 이화여자대학교에서 노인전문간호 전공으로 석사과정을 이수한 노인전문간호사이며, 연세대학교에서 '위암수술환자를 위한 내비게이션 프로그램에 관한 연구'로 간호학 박사학위를 받았다. 대학병원에서 14년간 근무하며 암환자 및 노인환자 등을 간호한 임상경력이 있다. 건양대학교 간호대학에 재직하면서 성인간호학 및 노인간호학 강의를 하고 있으며 노인간호학 저서 등을 집필하였다. 현재 건양대학교 웰다잉 융합연구회의 공동연구원으로 죽음교육에 관한 연구를 진행하고 있다.

황혜정

건양대학교 대학원에서 '방문건강관리 대상자의 노인증후군, 허약 및 삶의 질 관계에 관한 연구'로 의학박사 학위(예방의학 전공)를 받았다.

건양사이버대학교 보건의료복지학과에 재직하면서 주로 보건학 및 보건교육학, 치매와 가족 등을 강의하고 있다. 지은 책으로 『보건학』(계축문화사), 『알기 쉬운 고혈압 교육자료』(봄) 등이 있고, 최근의 논문으로 「A Study on Perception on Death, Action on Death Preparation, and Death Education among Medical Personnel」(Indian Journal of Science and Technology)을 게재하였으며 현재 건양대학교 웰다잉 융합연구회의 공동연구원으로 죽음교육에 관한 연구를 진행하고 있다.

김설희

조선대학교 보건학과에서 '치위생 교육에서 문제중심학습의 효과에 관한 연구'로 보건학 박사학위를 받았다. 건양대학교 치위생학과에 재직하면서 예방치학, 치과감염관리학 등을 강의하고 있다. 저서로는 『최신예방치과학』, 『알기쉬운 치위생 연구방법』(대한나래출판사) 등이 있다. 논문으로 「구강건강이 삶의 질에 미치는 영향에 관한 연구」 등 40여 편이 있으며, 보건학과 웰다잉 분야에 관심을 갖고 연구를 진행하고 있다.

장경희

한림대학교 대학원에서 생사학(生死學)전공으로 석사학위를 마치고,

건국대학교 대학원에서 문학예술치료학과 박사과정을 수료하였다. 자살예방 교육과 웰다잉 교육 전문 강사로 활동하고 있으며, 사전연명의료의향서 상담사로 봉사 중이다. 저서로 〈웰다잉의 이해와 실제〉, 〈웰다잉이 뭐에요?〉, 〈무엇이 웰다잉의 삶인가?〉 등 공동저서가 있으며, 한국웰다잉교육원 공동대표와 건양대학교 웰다잉 융합연구회 연구원으로서 죽음교육에 관한 연구를 진행하고 있다.

이서희

건양대학교 병원경영학과를 졸업한 뒤 동 대학 보건복지대학원에서 보건학 석사학위를 받았다. 현재 건양대학교 웰다잉 융합연구회의 연구원으로서 보건학적 관점에서 본 죽음교육의 자료 수집 및 개발 등 연구를 진행하고 있다.

제1장 (총론편)

세계인의 죽음관과 장례문화

1 인간 문명과 죽음의 문화

인간은 장례식을 치른다. 혹자는 장례식이 곧 인간이 만물의 영장이라는 증거라고도 말한다. 이러한 장례식은 지역과 나라에 따라 다른 형태로 나타난다. 크게 보면 장례의 형태는 매장埋葬과 화장火葬이 주를 이룬다. 그밖에도 나무 위에 안장하는 수장樹葬, 독수리에게 시신을 먹이는 천장天葬, 물속에 던지는 수장水葬 등이 있다. 장례문화를 보면 그 지역의 문화를 알 수 있다. 이러한 까닭에 인류학자들은 그 지역의 문화를 분석하기 위해 장례식을 연구하곤 했다. 문화마다 장례의 방식이 다른 이유는 지리적인 환경과도 깊은 관련이 있지만, 그 근본적인 차이는 죽음관에서 비롯된다. 그래서 종교는 장례식의 내용과 형식에 많은 영향을 줄 수밖에 없다. 세상의 모든 종교는 저마다의 죽음관을 가지고 있으며, 이러한 죽음관에 근거해서 장례식을 치르기 때문이다.

이렇게 종교는 "인간의 삶과 죽음"이라는 물음에 나름대로 답을 제시한다. 그리고 그 대답은 의학적, 과학적 설명이 아닌 설명 방식이다. 예를 들어 기독교의 관점에서 인간은 하나님의 창조물이다. 성경을 보면 태초에 인간은 죽지 않고 영원히 살 수 있는 존재였다. 하지만 하나님의 명령을 어기고 선악과를 따먹은 죄로 죽음이라는 벌을 받게 되었다. 이처럼 세계의 모든 종교는 죽음에 대해 나름대로 해석과 설명을 붙인다. 유교는 유교의 방식으로, 기독교는 기독교의 방식으로, 불교는 불교 방식으로 그리고 무속은 무속의 방식으로 인간이 필연적으로 맞이하는 죽음을 해석하고 설명한다. 종교마다 죽음에 대한 설명이 다르면 장례식의 형태도 각각 다르게 나타날 수밖에 없다.

장례식은 인간이 치르는 마지막 통과의례이다. 인간은 태어나면서 죽을 때까지 시간의 흐름에 따라 통과의례를 치르게 된다. 돌, 성인식, 결혼식, 장례식 등이 그것인데, 프랑스의 인류학자 반게넵Arnold van Gennep은 세계 여러 나라의 통과의례들을 연구한 결과 다음과 같은 특징을 발견했다. 먼저 그는 각각의 통과의례가 분리기, 전이기, 통합기의 단계를 거친다고 보았다. 예를 들어 장례식은 죽음으로 인해 산 자와 죽은 자가 분리되는 분리기를 거친다. 하지만 이는 완전한 분리가 아니며, 장례식 기간을 통해 죽은 자와 산 자가 한 공간에 공존하는 전이기를 거친다. 장례식이 끝나게 되면 죽은 자는 저세상으로 가서 통합하고 산 자는 장례기간 동안 분리되었던 사회로 돌아가 통합함으로써 비로소 통과의례가 완성된다.

또한 장례식은 사회 구성원들에게 문화를 학습시키는 기능을 담당한다. 즉 장례를 통해 개인의 자의적인 방식이 아닌 사회 구성원들이 요구하는 방식으로 죽음을 어떻게 생각하고 받아들일지를 습득하며, 사회가 요구하는 방식들에 어떻게 부응할지를 배운다. 이렇게 장례식은 삶과 죽음에 대해 사회가 요구하는 태도나 문화적 방식을 습득하는 현장이다.

더불어 장례식은 타인의 죽음을 목도함으로써 인간의 삶을 성찰하는 기회를 제공한다. 장례를 통하여 사람들은 어떻게 사는 것이 의미 있는 일인지 고민하게 된다.

추모문화는 인간이 죽은 자에 대해 기억하는 문화적 형식이다. 추모는 산 자가 죽은 자를 기념하기 위한 것이다. 한국의 추모문화를 예로 들자면 추석, 제사, 한식, 시제 등을 들 수 있다. 한국의 제사와 비슷한 추모문화로는 일본의 오본御盆, 중국의 칭밍淸明 등이 있다.

죽은 자를 추모하는 대표적인 상징물로는 묘지墓地와 사당祠堂이 있다. 인간의 사회에 이러한 추모문화가 형성된 것은 죽은 자에 대한 기억을 통해 문화를 학습하고, 자신의 정체성을 확립하고, 당대 국가의 통치 이념을 전달하는 등의 목적을 달성하기 위함으로 판단된다.

현재 우리나라의 추모문화는 유교와 밀접한 연관성을 갖고 있다. 조선의 통치 이념이 유교에 근거했기 때문이다. 우리나라 추모문화는 제사, 성묘, 한식 등에서 보듯이 죽은 자가 산 자로부터 격리되지 않고 주기적인 만남이 이루어진다는 특징을 가진다. 국가도 추석과 설, 현충일 등을 공휴일로 지정하여 산 자가 죽은 자를 추모하도록 권장한다.

제사는 사적인 제도로서의 추모문화라고 볼 수 있다. 제사는 한국인들에게 집안의 전통과 가계를 유지토록 해주는 기능뿐만 아니라 '조상숭배'의 죽음관을 전승하는 역할도 해준다.

이와 같이 장례문화는 지역이나 국가 구성원들의 죽음관, 죽음에 대한 태도나 의식 등이 씨실과 날실처럼 복잡하게 얽혀 형성된다. 따라서 장례는 단순히 죽은 이의 시신을 처리하는 것 이상의 의미를 가진다.

장례는 정신문화와 밀접하게 연결되어 있기 때문에 의례가 변화하려면 반드시 의식의 변화가 있어야 한다. 의례는 집단과 시대, 종교적 배경 등에 따라 다양하게 변모해 왔고 현재도 변화하고 있다. 이때 종교는 인간의 죽음관 형성에 가장 핵심적인 요인으로 작용하기 때문에 장례문화를 살피면서 각 종교들의 내세관을 함께 살펴보는 것은 의미있는 일이 될 것이다.

2 종교에 따른 내세관과 죽음의 문화

유교의 내세관

유교문화권은 중국과 한국이 대표적이다. 유교는 다른 종교에 비하면 내세관이 분명치 않은 것이 특징이다. 공자가 "삶도 모르는데 죽음을 어찌 알겠느냐"고 말했던 것은 유교의 내세관이 분명하지 않음을 단적으로 보여주는 예이다.

일반적으로 유교문화권에서는 인간이 혼魂과 백魄으로 구성되어 있다고 보았는데, 이런 혼과 백이 분리되는 것을 죽음이라고 생각했다. 이런 개념은 장례식에서도 잘 나타난다. 한국의 장례문화에서는 고인이 운명하면 죽은 자의 혼을 다시 불러들이기 위한 고복皐復을 한다. 고복은 사람이 죽을 때 몸에서 분리된 혼이 다시 돌아와 다시 소생하기를 기원하는 행위이며 죽음을 확인하는 절차이기도 하다. 이때 죽은 자가 묻히는 묘지는 백의 안식처로 여겨진다. 제사의 경우 '4대 봉사奉祀'라하여 4대에 걸친 조상의 제사를 모신다. 1대를 30년이라 보고 4대가 지나면 숭배 대상으로서의 존재가 사라진다고 믿었기 때문이다.

이렇게 유교문화권에서의 장례와 추모문화는 대체로 조상숭배와 연결되어 있다. 이때 제사와 같은 추모의례는 혼을 위한 의례로 볼 수 있으며, 백에 대한 관념은 장례 방식에서 화장보다 매장의 문화를 선호하게 만들었다고 할 수 있다. 때문에 유교문화권에서는 묘지를 백의 상징적인 장소로 여기고 있다.

기독교·유대교·이슬람교의 내세관

기독교, 유대교, 이슬람교는 유일신 신앙을 갖고 있다. 또한 이들 종교는 조로아스터교의 영향을 받아 이원론적인 사고를 갖고 있다. 선과 악, 지옥과 천국 같은 개념이 그것이다. 이 세 종교는 유일신(하느님/야훼/알라)을 세상의 창조주로 여긴다.

유일신 종교가 가지는 또 하나의 특징은 직선적인 시간관을 갖고 있다는 점이다. 이는 힌두교나 불교의 윤회하는 시간관과 비교해볼 수 있다. 이 종교들에서 시간은 시작과 끝을 지닌다. 태초에 창조주가 세상을 만들었고 마지막에는 심판이 예정되어 있다. 이러한 내세관은 종말론 사상이나 부활신앙과도 연결된다. 신앙은 인간을 현세의 고통이나 죽음의 두려움으로부터 인간을 구원해 줄 것을 약속한다. 하지만 유일신 종교에서 구원은 인간의 의지에 의해 좌우되지 않는다. 구원은 신의 은총과 선택에 의해서만 가능하다. 이러한 유형의 종교를 우리는 타력종교他力宗教라고 부른다. 반면에 불교와 힌두교는 인간 자신의 의지와 수

행에 의해서 윤회와 업으로부터 벗어나는 해탈(불교)이나 목샤(힌두교)에 이를 수 있다고 말한다. 이러한 유형의 종교를 우리는 자력종교自力宗教라고 부른다.

불교·힌두교의 내세관

힌두교와 불교는 윤회輪廻와 업業이라는 개념을 근본으로 한다. 이 종교들은 유일신을 믿는 기독교나 이슬람교의 직선적 시간 개념과 다른 순환적 시간 개념을 가지고 있다. 즉 윤회와 업의 상황에서 벗어나는 것을 불교에서는 해탈解脫, 힌두교는 목샤mokṣa라고 말한다. 불교와 힌두교는 우주의 본질을 브라흐만brahman이라 부르고 인간 자아의 본질은 아트만ātman이라고 부른다. 힌두교에서 브라흐만과 아트만이 동일하다는 것을 깨닫는 것을 범아일여梵我一如라고 하는데, 이러한 상태에 이르면 윤회와 업으로부터 벗어나 목샤에 이를 수 있다. 불교 또한 업과 윤회, 연기론緣起論 사상을 가지고 있다. 불교는 인간을 오온伍蘊이라 부르는 다섯 가지 구성요소의 집합체로 보았다. 이때 오온의 결합이 생生이요 흩어짐은 사死로 생각했다. 불교는 인간의 출생과 죽음을 사유四有로 설명한다. 즉 생유生有(생명이 결정되는 찰나), 본유本有(태어나면서부터 죽음에 이르기까지의 기간), 사유死有(죽은 순간), 중유中有(사람이 죽어 다시 새로운 생명을 얻을 때까지의 기간)가 그것이다.

한국 불교의 장례문화에서 49재齋를 강조하는 이유는 중유中有의 개념 때문이다. 사람이 죽어 다시 생을 받을 때까지의 기간을 49일로 보는데, 이때 세상에 남아있는 자들이 행하는 49재가 죽은 자가 좋은 곳에서 태어날 수 있도록 해주는 수단이 되는 것이다. 이렇게 불교는 윤회와 업이라는 순환적인 내세관을 갖고 있으며 여기에서 벗어날 수 있는 길은 일체개고一切皆苦(모든 것은 괴로움이다), 제법무아諸法無我(세상의 모든 법은 인연에서 생겨난 것이므로 진실한 자아의 실체란 없다), 제행무상諸行無常(우주 만물은 항상 돌고 변화하며 한 모양으로 머물러 있지 않는다)의 의미를 깨닫는 것이다.

3 문화에 따른 죽음관과 장례 풍습

죽은 자의 시신을 장사 지내는 방식으로는 매장埋葬과 화장火葬이 가장 일반적이다. 이밖에도 나무위에 안장하는 수장樹葬이나 물속에 던지는 수장水葬도 많이 행한다. 장례 방식은 각 문화권의 종교와 밀접한 관련을 맺고 있는데 유교문화권에서는 매장을 가장 많이 한다. 중국과 대만, 베트남, 한국이 대표적이다. 이렇게 매장을 중심으로 하는 문화권에서는 묘지의 설치와 관리가 매우 중요한 관심사일 수밖에 없다.

힌두교와 불교 문화권은 화장을 주로 한다. 인도와 네팔, 일본, 태국 등이 대표적이다. 인도의 대표적인 화장 장소 중 하나인 바라나시Varanasi는 갠지스 강 주변에 위치한 도시이다. 이곳은 힌두교의 성지로 여겨지며 수많은 순례자들이 방문한다. 갠지스 강에서 목욕을 하면 업을 씻을 수 있다고 여기기 때문이다. 이곳은 또한 화장터로도 유명해서 한쪽에선 신성한 강에서 목욕을 하고 다른 한쪽에선 화장한 시신을 뿌

교회묘지. 유럽 등 기독교 문화권에서 매장이 일반적인 이유는 부활신앙의 영향 때문인 것으로 보인다.

리는 장면이 연출되곤 한다.

티베트에서는 천장天葬이 행해지기도 한다. 천장은 독수리에게 시신을 먹게 하는 장례 풍습이다. 이런 모습은 야만적인 것으로 비춰질 수도 있지만, 티베트 지역의 자연환경과 독수리 신앙 때문에 가능한 장례 문화이다. 티베트에선 독수리가 죽은 자의 시신을 먹고 하늘로 올라가면 영혼도 함께 올라간다는 신앙을 갖고 있다.

기독교, 유대교, 이슬람교 문화권에서는 매장으로 시신을 처리한다. 유대교와 이슬람교가 성행한 지역에서는 시신을 최대한 빨리 매장하려고 한다. 오전에 사망한 경우엔 당일, 오후나 밤에 사망한 경우엔 다음날 매장한다. 이렇게 시신을 빨리 매장하는 것은 이 종교가 발생한 지역의 기후 탓일 것이다. 유럽 등 기독교 문화권에서도 매장이 일반적인데 이는 부활신앙의 영향 때문이다.

종교가 장례문화의 형태를 결정하는 주된 요인으로 작용하는 것은 사실이지만, 현대사회로 오면서 죽은 자의 시신을 처리하는 방식은 종교적 요인보다 환경과 토지의 효율적인 이용, 국가 정책 등에 큰 영향을 받고 있다.

오늘날의 장례문화는 도시화와 환경 문제, 묘지 부족 등의 원인으로 매장에서 화장으로 변화하는 경향을 보이며, 이는 국가 정책으로도 장려되고 있다. 전통사회에서는 죽은 자의 시신을 처리하는 장례에 종교와 전통문화가 주된 요인으로 작용했지만, 현대사회에서는 환경과 토지의 효율적인 이용을 우선시하는 국가 정책에 따라 급변하고 있다. 한국은 물론 중국과 대만, 일본 등의 동아시아권 국가들이 모두 마찬가지다.

이렇게 장례문화는 종교뿐만 아니라 지리적 자연환경과 당대 사람들의 사회, 문화적 요인 같은 것들과 밀접한 관계를 맺으며 점진적인 변동을 겪는다.

4 축제로 승화된 장례문화

모든 제의에는 축제의 요소가 곁들여진다. 죽은 자를 기리는 제의가 살아있는 자들의 삶에 생명력을 줄 수 있도록 하기 위해서다. 엄숙한 절차에 따라 이루어지는 제의의 어두운 분위기를 신명나는 놀이가 균형을 잡아줄 수 있기 때문이다.

한국에서 행해지는 유교식 장례의 주된 정조는 슬픔이다. 유교의 사고방식은 부모의 죽음은 곧 자식의 불효로 해석한다. 그래서 자식들은 속죄하는 마음으로 식음을 전폐하고 곡을 해야 한다. 이것이 우리가 알고 있는 장례의 전형이다. 하지만 슬픔을 주된 정조로 하는 장례에서도 축제의 성격을 찾아볼 수 있다.

1996년 개봉된 영화 〈축제〉는 제목과 달리 우리나라의 유교식 전통 장례식을 다룬 영화이다. 영화는 우리나라의 장례 풍습이 내포하고 있는 '축제'로서의 성격에 초점을 맞춰 한 집안의 장례식에서 벌어지는 해프닝을 다루고 있다.

축제 또한 장례식처럼 종교적 의식에서 기원했지만 근대 이후에는 종교성이 약화되면서 이벤트의 성격이 강화되며 오늘날에 이르렀다. 축제는 특정 시간과 장소를 빌어 진행된다. 축제 현장에서는 특별한 행사가 펼쳐지며 축제에 참여하는 사람들에게는 일상과 다른 약간의 일탈 행위가 허용된다. 또 축제장에는 보통 때와 다른 음식이 함께한다. 축제에 참여한 사람들은 일상과는 다른 일탈적인 행위를 하고 음식을 나누며 일상생활에 지친 정신과 육체의 피로를 풀고 일상으로 복귀한다. 즉 축제에는 일상으로부터의 일탈과 복귀를 통해 생활에 활력을 주고자 하는 목적이 담겨 있다.

영화 〈축제〉는 장례에 축제의 요소가 포함되어 있음을 잘 보여준다. 이 영화를 통해 볼 수 있듯이 장례와 축제는 몇 가지 공통점을 가지고 있다. 그 첫째는 특정된 시간과 장소에서 행해진다는 점이다. 모든 축제는 약속된 기간에 특정 장소를 빌어 펼쳐진다. 우리나라의 장례도 시신이 죽은 곳에서 묻히는 곳까지의 특정 장소에서 보통 3일에 걸쳐 진행된다. 둘째로 장례기간에는 일탈적인 행위와 놀이가 허용된다. 이를테면 화투 같은 놀이가 허용되며, 오늘날엔 많이 달라졌지만 장례기간 며칠 동안은 공식적으로 외박이 허용된다. 세 번째로 장례기간에는 술이나 음식 등의 특별한 음식이 제공된다. 이런 면에서 장례식은 '주최자가 부재한 가운데 죽은 자가 산 자를 초대하여 벌이는 축제'라고 볼 수 있다. 말하자면 죽은 자의 이름으로 모인, 산 자들의 축제인 것이다.

무엇보다 장례는 그동안 만나지 못했던 사람들을 한꺼번에 볼 수 있는 기회를 제공하는 '이벤트적' 요소를 갖는다. 죽은 자를 떠나보내는 장례는 분명 슬픈 일이지만, 문상객들에게는 최고의 친교 장소이자 사회관계를 형성하는 좋은 기회이기도 하다.

물론 장례의 핵심은 죽은 자의 시신을 처리하는 것이다. 하지만 한편으로 남은 유족들의 슬픔을 위로하고 치유하는 시간이기도 하다. 슬픔을 치유하는 방법은 다양하지만, 무엇보다 슬픔을 승화시키기 위한 노력이 필요하다. 이를 위해 슬픔을 승화시킬 수 있는 여러 방법들이 필요하다.

한국의 장례문화에는 슬픔을 승화시키기 위한 다양한 문화적 장치들이 마련되어 있다. 진도의 다시래기도 그중 하나이다. 진도 다시래기는 출상하기 전날 밤에 노래와 춤, 재담이 익살스럽게 어울려 진행되는 일종의 연희로, 슬픔에 잠긴 유족들을 웃게 만든다. 다음날이 출상이기에 이제는 슬픔에서 벗어나 이별을 위한 단계로 나아가기 위해 이런 놀이 성격을 지닌 이벤트를 벌이는 것이다. 비슷한 예로 빈상여놀이도 있는데, 출상 전날 밤 출상을 위해 준비한 빈 상여를 미리 둘러매고 연습하는 것으로 역시 놀이적인 성격이 짙다.

장례의 축제적인 모습은 이미 고구려 시대 문헌에서도 찾아볼 수 있다. 『수서隋書』「동이전」에 보면 고구려에서는 장례기간에 슬퍼하긴 하지만, "장례식에서는 북을 치고 춤을 추면서 죽은 자를 보낸다(初終哭泣葬卽鼓舞作樂 以送之)"고 기록되어 있다. 이런 장례 풍습은 현재의 중국과 대만에서도 볼 수 있다.

오늘날의 한국 사회에서는 장례의 축제적 모습을 거의 찾아볼 수 없다. 근본적인 원인은 도시화와 사회구조의 변화에 따른 장례 장소의 변화로 보인다. 오늘날 한국의 장례가 거의 대부분 장례식장에서 진행되고 있기 때문이다. 장례식장에서 치르는 장례는 과거 집에서 치르던 장례와 달리 공간적인 제약이 많을 수밖에 없다. 또한 매장 문화에서 화장 문화로 급격하게 전환되면서 상여를 메는 일은 거의 없어졌고, 바쁜 일상과 도시화로 말미암아 장례가 조문 중심으로 이루어지고 있다.

장례의 축제적인 모습은 세계 여러 나라에서 볼 수 있다. 자바의 장례식이나 아프리카의 장례식 등에서 그 사례를 볼 수 있다. 장례가 아닌 추모 의례를 축제 행사처럼 치르는 예도 있다. 멕시코의 죽은 자들의 날, 아프리카 도곤족의 장례 축제, 아일랜드 켈트족의 할로윈데이, 중국의 중원절, 일본의 오봉 축제, 이탈리아의 위령의 날 등이 그렇다.

5 유네스코 세계문화유산과 무덤

'세계유산'이란 세계유산협약에 의해 매년 정기적으로 열리는 세계유산위원회에서 각국이 신청한 유산이 채택되어 세계유산 목록에 등재된 유산을 말한다. 세계유산에는 문화유산과 자연유산이 있으며 개별 국가뿐만 아니라 인류 전체가 소중하게 보호하고 보존해야 할 '탁월한 보편적 가치'를 보유한 유산을 세계유산으로 지정한다.[1] 세계유산은 해당 국가의 유산이지만 인류 공동의 유산이기 때문에 세계가 협력하여 보호하고 후대에 온전하게 물려줄 수 있도록 함께 노력한다. 이를 위해 세계유산위원회는 해당 국가가 신청한 유산을 심의할 뿐만 아니라 자연재해나 전쟁 등으로 파괴된 문화재나 자연유산을 복구하는 일도 결정한다.

---

1 세계유산협약 서문, 「세계유산 협약 이행을 위한 운영지침」, 문화재청, 2017

세계유산은 문화유산과 자연유산 그리고 문화 및 자연복합유산으로 구분된다. 그중에서도 문화유산은 기념물, 건물군, 유적지로 나누어서 구분한다. 여기에서 유적지는 "사람의 소산 또는 자연과 사람의 합작품 그리고 고고학적 유적을 포함한 지역으로서 역사, 미학, 민족학 또는 인류학의 관점에서 탁월한 보편적 가치를 갖는 것"으로 정의된다.[2]

유네스코 세계문화유산의 유적지 중에는 무덤이 유난히 많다. 우리나라만 해도 고창. 화순, 강화의 고인돌 유적을 비롯해 신라, 백제 시대의 고분, 신라시대를 대표하는 경주의 대릉원, 조선시대 왕릉과 그 위패를 모신 종묘 등이 세계문화유산으로 등재되어 있다. 세계적으로도 널리 알려진 이집트의 피라미드와 중국의 진시황릉, 인도의 타지마할도 모두 무덤으로서 세계문화유산에 등재되어 있다.

이탈리아의 공동묘지 중 체르베테리Cerveteri와 타르퀴니아Tarquinia의 에트루리아인들의 묘지는 마치 살아있는 사람들의 주거지나 마을처럼 만든 것이 인상적이다. 이 묘지를 통해 고대 에트루리아인들의 내세관과 실제 주거 모습, 건축양식을 한눈에 알 수 있다. 2004년 유네스코에 의해 가치를 인정받아 세계문화유산으로 선정되었다.

이렇게 많은 무덤들이 인류의 소중한 문화유산으로 지정된 것은 무덤들을 통해 그 시대 사람들의 삶과 죽음관을 엿볼 수 있기 때문이다. 또한 이들 무덤의 규모와 아름다움, 여기에서 발견된 유물들의 가치도 중요하게 여겨지기 때문이다.

---

2 세계유산목록, 「세계유산 협약 이행을 위한 운영지침」, 문화재청, 2017

이집트의 피라미드

이집트 고대 왕국의 수도인 멤피스Memphis와 기자Gíza 지역에는 바위 무덤, 화려한 마스타바, 사원, 피라미드 등의 뛰어난 장례 기념물들이 많이 있다. 이집트의 피라미드는 건축, 수학, 지질, 토목, 공학 등이 어우러진 문화의 결정체다. 세계 최대의 석조각인 쿠프 왕의 피라미드는 높이가 140m나 되며 다슈르의 붉은 피라미드는 쿠프 왕의 아버지 스네프루 왕이 건조하였다. 피라미드와 스핑크스는 왕이자 신이기도 한 파라오의 절대 왕권을 상징하는 건축물이다.

이집트의 왕인 파라오들은 왕위에 오르자마자 자신의 무덤인 피라미드를 계획하고 짓기 시작한다. 가장 오랜 기간 동안 권력을 유지한 파라오일수록 무덤은 크고 화려하다. 반면에 왕으로 즉위한 지 얼마 되지 않아 죽거나 권력을 상실한 파라오의 무덤은 규모가 작을 수밖에 없다. 고대 이집트인들은 사후세계를 믿었기 때문에 몸이 죽어도 시신이 썩지 않고 보존되길 기원하며 미라를 만들었다. 그만큼 이집트인들이 죽음 이후의 세계에 대해 강력한 믿음을 가지고 있었다는 반증이기도 하다.

70일에 걸쳐 미라를 만든 뒤 무덤에 묻히는데, 생전 모습과 똑같이 만든 마스크를 미라에게 씌웠다. 죽은 영혼이 부활할 때 그 모습을 알아볼 수 있도록 하기 위해서였다. 무덤 안에는 죽은 이가 저승을 여행할 때 도움 되는 주문이 적힌 '사자死者의 서書', 다음 세상에 태어났을 때 하인으로 부리기 위한 인형인 '우샤브티ushabti'와 함께 음식, 옷, 가구, 무기 등을 매장했다. 다음 생에서 태어나도 평안한 삶을 누릴 수 있

파라오들이 죽은 뒤에도 평안한 삶을 누리기 위해 지은 피라미드는 이집트인들의 내세관을 보여주는 건축물이다.

도록 하기 위해서였다.

이집트의 장례 관련 기념물들은 역사적, 예술적, 사회적으로 큰 관심을 받고 있으며 지구상에서 이집트 문명이 가장 위대한 문명 중의 하나라는 것을 보여 준다. 이집트의 피라미드는 1979년에 유네스코 세계문화유산으로 등재되었다.

인도의 타지마할

인도 아그라 시 남쪽에 있는 타지마할은 무굴 제국의 제5대 황제인 샤 자한이 사랑했던 왕비 뭄타즈 마할이 죽자 아내를 위해 만든 무덤이다. 궁전 형식의 이 무덤은 만드는 데에 22년이나 걸렸으며, 건설에 동원된 인원만도 하루 2만 명에 이르다 보니 인근 가까운 곳에 건설 인력들

인도의 타지마할은 무굴제국의 황제가 죽은 왕비를 위해 만든 무덤이자 궁전이다.

을 위한 새로운 도시가 만들어질 정도였다. 순백의 대리석과 보석들로 화려하게 지은 타지마할은 황제가 왕비를 얼마나 사랑했는지 나타내는 징표이자 무굴 제국의 강성함을 보여주는 건축물이다. 건축물은 중앙 돔을 중심으로 완벽한 대칭을 이루고 있는데, 벽과 바닥을 아름다운 조각으로 장식하여 섬세함과 세련미를 보여준다. 세상에서 가장 아름다운 무덤이자 건축물인 타지마할은 1983년에 유네스코 세계문화유산에 등재되었다.

중국의 진시황릉

중국 대륙을 최초로 통일한 진시황은 불로장생을 꿈꾸며 온 나라를 뒤져 불로초인 영약을 찾아오게 한 것으로 유명하다. 첫 황제의 왕좌에 오르기 훨씬 전부터 자신이 묻힐 곳을 준비하며 영원히 살 것을 희망했지만, 그도 언젠가는 자신이 죽게 된다는 것을 잘 알고 있었기에 죽으면 지하 세계에서 자신과 통일왕조 진나라를 영원히 지켜줄 군대를 만들었다. 지하도시에 제국을 만들고 진흙으로 병사들을 만들었는데, 진흙으로 만든 말이나 마차를 타고 무기를 지닌 1만 구에 달하는 병마용兵馬俑들은 모두 제각각의 형상을 가지고 매우 사실적으로 묘사되어 있다. 때문에 당시의 의복과 무기, 물품과 마구들의 모습을 알 수 있으며, 당시의 군사조직, 건축 기술과 도예 기술, 군사 제도 그리고 사람들의 생각까지 연구할 수 있는 중요한 역사 자료로서의 가치를 지닌다. 봉분의

진시황은 죽어서도 자신과 진나라를 영원히 지켜줄 군대를 자신이 묻힐 지하도시에 건설했다.

본래 높이는 115m였으나 세월이 지나면서 풍화작용 등으로 인해 지금 남아 있는 것은 70m로 낮아졌다. 중국 서안 지역에 위치해 있는 진시황릉의 발굴 작업은 지금도 진행 중이며, 아직 진시황의 무덤은 발굴되지 않았다. 1987년에 유네스코 세계문화유산에 등재되었다.

독일의 슈파이어 대성당

1030년 콘라드 2세가 창건했으며 현재 독일 라인란트팔츠 주에 위치한 슈파이어 대성당Speyer Cathedral은 신성로마제국 시대 로마네스크 양식의 기념비적 건축물로, 300여 년 동안 독일 황제들의 묘지로 사용되었

신성로마제국 시대에 지은 슈파이어 대성당 지하에는 4명의 황제의 유해가 묻혀 있다.

영국의 웨스터민스터 사원에는 영국을 대표하는 3천여 명의 인물들이 묻혀 있다.

다. 대성당 지하에는 콘라드 2세를 비롯하여 4명의 황제의 유해가 묻혀 있다.[3] 18세기부터 지금까지 독일과 유럽은 물론 세계의 건축물 복원과 발전에 영향을 주었다. 슈파이어 대성당은 전체를 둘러싼 회랑回廊이 있는 건물로는 건축 역사상 최초의 구조물이다. 1981년 유네스코에서 세계문화유산으로 지정하였다.

영국의 웨스트민스터 사원

960년경에 베네딕트 수도회의 수도자들 공동체로 시작한 웨스트민스터 사원Westminster Abbey은 1052년에 교회로 새롭게 건축되었다. 지금도

3 권삼윤, 『유네스코 지정 세계문화유산 577』, 청아출판사. 2002

웨스트민스터 사원에서는 중요한 종교행사는 물론이고 영국 왕의 대관식, 결혼식, 장례식 등 주요 행사가 열리고 있다. 웨스트민스터 사원은 고딕 양식으로서 역대 영국 왕의 무덤은 거의 이곳에 있다. 엘리자베스 1세를 비롯한 왕들과 찰스 디킨즈, 찰스 다윈, 아이작 뉴턴, 조지 프레드릭 헨델 등 영국을 대표하는 인물 3천여 명이 묻혀 있다. 사원 밖에 묘지가 있는 것이 아니라 성당 안에 무덤을 만든 실내 안치장이 특징이다. 영국의 상징과도 같은 이곳은 런던 지하철 웨스트민스터역과 세인트파크역에서 내리면 가까운 곳에 있어서 방문하는 관광객들로 늘 북적인다. 1987년에는 유네스코 세계문화유산으로 등재되었다.

덴마크의 로스킬레 성당

덴마크에는 세 개의 세계문화유산이 있는데 그중에 이 나라의 가장 큰 성당은 로스킬레 대성당Roskilde Cathedral이다. 처음 건축할 때는 로마네스크와 고딕양식으로 건축되었으나 이후에 다양한 방식으로 증축이 이루어졌고 다양한 양식이 뒤섞이면서 지금의 독특한 외관을 만들게 되었다. 15세기 이후에는 덴마크 왕가王家의 영묘陵墓(죽은 위인이나 신격화된 인물의 영혼을 모시는 묘지)로 사용되었다. 마르그레테 1세부터 덴마크 역대 왕과 왕비 40여 기가 안치되어 있다. 1995년 유네스코에서 세계문화유산으로 지정하였다.

덴마크 옐링의 성당과 고분

유틀란트 반도 중동부의 옐링 언덕Jelling Mounds이라 불리는 곳에 2기 고

로스킬레 성당. 15세기 이후 덴마크 왕가의 영혼을 모시는 묘지로 사용되었다.

고대 북유럽 왕의 무덤으로 추정되는 옐링 언덕의 고분.

분古墳과 룬 문자가 새겨진 비석 2기, 덴마크 최초의 교회가 있다. 두 개의 언덕 사이에 교회가 하나 있는데, 두 언덕은 인공으로 만든 왕의 무덤 봉분이며 교회는 기독교를 최초로 받아들인 하랄 왕이 세운 석조교회이다. 비석은 바이킹 시대의 문자인 룬 문자로 쓰여 있는데 "하랄 왕은 노르웨이를 제압하고 덴마크인들을 기독교도로 만든 왕"이라고 밝히는 교회의 설립 동기가 적혀 있다.[4] 1994년 유네스코에서 세계문화유산으로 지정하였다.

---

4 권삼윤, 『유네스코 지정 세계문화유산577』, 청아출판사.2002

이탈리아의 반디타치아 공동묘지

에트루리아 족은 과거 이탈리아반도 중부에 살던 고대 부족이다. 체르베테리와 타르퀴니아에 있는 공동묘지는 에트루리아인이 번영했던 시기의 생활상을 알 수 있는 유적인데, 만들어진 시기에 따라 서로 다른 구조와 장식들로 이루어진 묘지들을 통해서 에트루리아의 다양한 매장문화를 알 수 있다. 예를 들어 바위벽을 파서 시신을 안치한 무덤과 흙을 쌓아서 봉분을 만든 무덤 내부에서는 악기를 연주하는 사람과 연회하는 사람들, 동물과 식물 등의 모습이 묘사된 벽화나 조각이 많이 발견되었다.

그중에 반디타치아Banditaccia라 부르는 공동묘지는 천 개가 넘는 무

반디타치아 공동묘지, 마치 집처럼 지어진 무덤들은 고대 에트루리아인들의 내세에 대한 믿음을 추측케 한다.

몬테로찌라 부르는 타르퀴니아의 공동묘지 내부(위)와 무덤에 그려진 벽화(아래).

덤들이 있고, 그 사이에 길과 작은 광장이 이어져 있어서 마치 사람들이 모여서 살고 있는 도시 같은 느낌을 준다. 무덤 내부의 구조도 집처럼 만들어서 거실과 방으로 나뉘어져 있는 것을 볼 수 있다. 이 무덤들을 통해 에트루리아인들의 내세에 대한 믿음을 추측할 수 있으며 고대 사람들의 실제 주거생활 모습과 건축 문화를 잘 알 수 있다. 이와 다른 형태로, 몬테로찌Monterozzi라 부르는 타르퀴니아의 공동묘지는 커다란 바위를 깎아 만든 수천 개의 묘지로 이루어져 있다. 그중에는 무덤 내부 벽에 벽화가 그려져 있는 것도 있다.

반디타치아는 2004년 문화적 가치와 역사성을 인정받고 지속적인 보존과 보호를 위해 유네스코 세계유산으로 지정되었다.

이탈리아의 시라쿠사와 암석묘지

시칠리아 섬 남동부에 위치한 시라쿠사Syracuse는 고대 그리스부터 시작된 긴 역사를 지닌 도시이다. 5천여 개의 무덤으로 이루어진 판탈리카Pantalica는 절벽 지대의 바위를 파서 만든 암석 묘지이며 2005년 유네스코 세계유산으로 선정되었다.

시라쿠사의 암석 묘지는 절벽에 있는 거대한 바위에 구멍을 내 시신을 안치하는 방식으로 만들어졌으며, 절벽에 만들어진 무덤들은 주변의 자연경관과 어우러져 독특한 경관을 연출하고 있다.

이 지역의 독특한 문화와 역사를 간직한 유적을 보기 위해 매년 수많은 사람들이 찾아오고 있다. 2005년에 유네스코에 의해 세계유산으로 지정되었다.

시라쿠사의 암석묘지. 절벽의 거대한 바위구멍에 구멍을 내 시신을 안치했다.

그리스의 베르기나 고고유적

베르기나Vergina는 전통적인 도시국가에서 고대 그리스와 로마 시대의 제국주의로 넘어가는 과도기를 대변하며 유럽 문명의 중요한 발전 과정

그리스 베르기나의 분묘. 기원전 11세기 만들어진 마케도니아 왕족들의 무덤들이 있다.

을 보여주고 있다. 이곳에서 가장 중요한 유적은 모자이크와 채색된 스터코stuccoes(치장벽토)로 화려하게 장식한 거대한 왕궁과 300기 이상의 분묘가 모여 있는 고분군이다. 이들 분묘 가운데 일부는 기원전 11세기에 만들어졌으며 주로 마케도니아 왕조의 왕족들이 매장되어 있다. 이 고분군에서는 역사적으로 중요한 자료와 부장품들이 발굴되었다.

아프리카의 아스키아 무덤

아프리카 말리의 가오Gao 지방에 있는 아스키아Askia 무덤은 2004년에 유네스코에 세계문화유산으로 등재되었다. 이 무덤 유적지에는 피라미드 무덤과 함께 평평한 지붕으로 된 두 채의 이슬람 사원이 있는데

아프리카 말리에 있는 아스키아 무덤. 이집트의 피라미드를 모방해 만들었다.

성벽으로 둘러싸여 있다. 무덤은 진흙으로 벽돌을 만들어 쌓아 올렸고 외부는 진흙 회반죽을 덧칠하여 나무 비계가 무덤 표면에 튀어나오게 하였다. 무덤 위로 불쑥불쑥 나무가 튀어나온 이런 형태의 외관은 기존 피라미드 무덤과는 다른 독특한 모습을 보여준다. 이 무덤은 아스키아 모하메드가 이집트에서 피라미드를 보고 돌아와서 만들었다고 전해진다.

몽골 알타이의 암각 예술군

2011년에 유네스코 세계문화유산으로 지정된 몽골 알타이의 암각 예술군은 울라안쿠스Ulaankhus의 사가안 살라아-바가 오이고르Tsagaan Salaa-Baga Oigor와 상 사가안 골Upper Tsagaan Gol(시베에트 산의 암각화), 센겔 소움 바얀-울길Tsengel soum of Bayan-Ulgii의 아랄 톨고이Aral Tolgoi 유적들로 구성되어 있다. 대략 1만 2천 년에 걸쳐 이룩한 인류 문화의 발전과 연관된 암각들과 장례 기념물들이 세 곳에 밀집되어 있다.

세 지역에서 발견된 수많은 암각화와 추모비는 1만 2천년에 걸친 몽골 문화의 발전을 보여 준다. 가장 오래된 암각화들은 BC 11,000년에서 BC 6,000년 사이에 만들어졌는데, 이들 중 일부는 숲으로 뒤덮인 거대 수렵 지역이던 당시 계곡의 모습을 보여준다. 후기의 암각화들은 군집 생활로 바뀌는 시기를 묘사하고 있으며 가장 최근의 암각화들은 유목 생활로 전환된 모습을 보여준다. 유목 생활을 보여주는 암각화들은 스키타이 시대Scythian period를 거쳐 기원후 7세기~8세기에 해당되는 투르크 후기시대Turkic period까지 천 년 동안의 모습을 반영하고 있다. 몽골

몽골 알타이의 계곡 절벽에 그려진 동물 그림. 선사 수렵시대의 생활상을 보여준다

알타이Mongolian Altai의 암각군은 북아시아 선사시대 공동체에 대한 이해를 돕는다는 점에서 가치가 있다. 이 암각화들은 중앙아시아와 북아시아가 교차하는 지역의 고대문화를 완벽하게 보여주는데, 바로 이 점 때문에 역사적, 문화적으로 상호 보완적이며, 탁월한 보편적 가치를 지닌다.

참고문헌

- 「세계유산 협약 이행을 위한 운영지침」, 문화재청, 2017
- 유네스코한국위원회 「유네스코와유산」, http://heritage.unesco.or.kr
- 곰돌이 CO지음, 『이집트에서 보물찾기』, 아이세움, 2005.

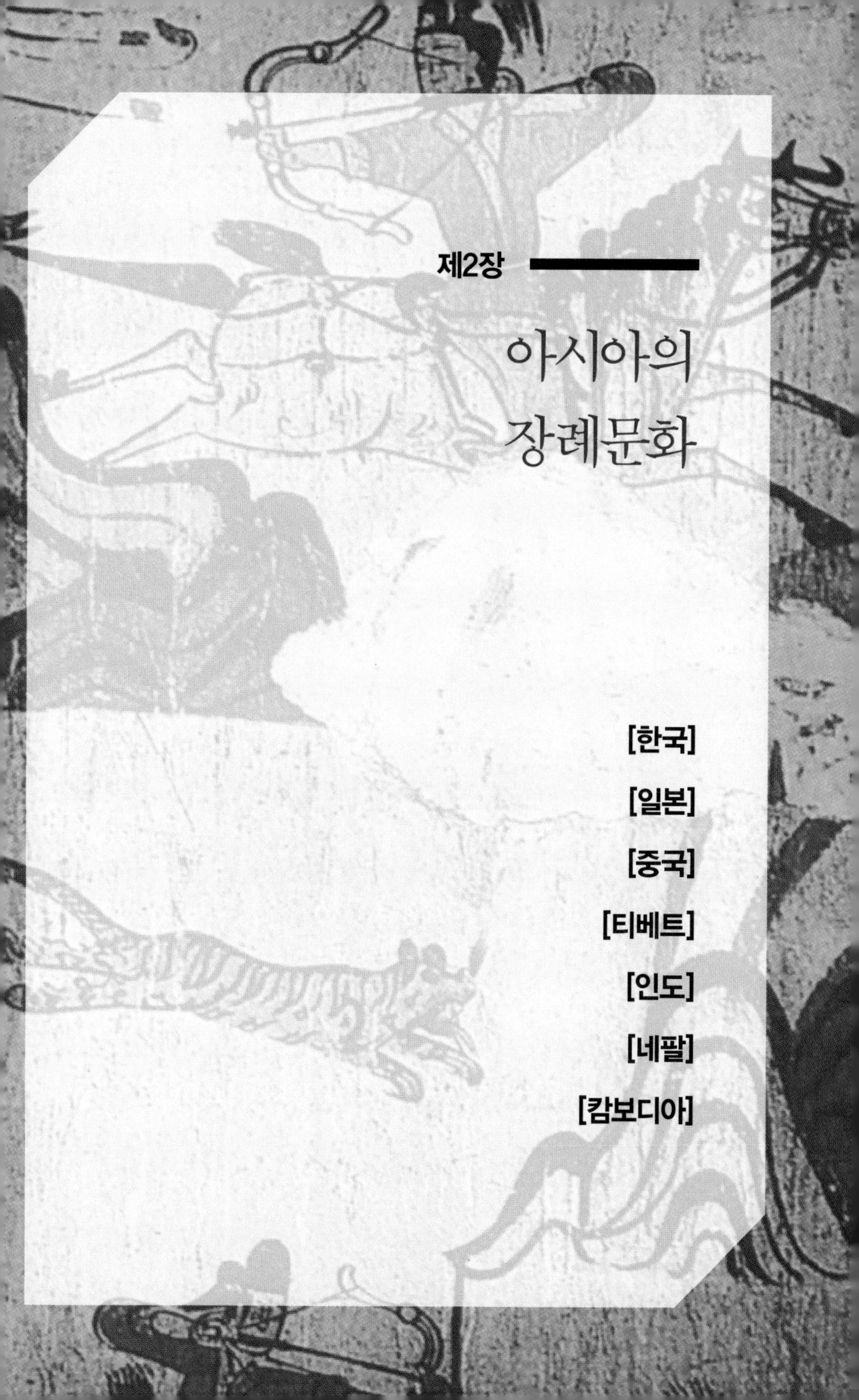

제2장

아시아의 장례문화

[한국]

[일본]

[중국]

[티베트]

[인도]

[네팔]

[캄보디아]

[한국]

1 우리나라의 장례와 문화

우리나라의 고대와 삼국시대에는 매장과 화장을 병행하는 이중장제二重葬制 형태의 장례문화가 있었다. 백제의 부여 지역에서는 화장묘와 납골용기가 발견되었다. 또한 『삼국사기』와 『삼국유사』에 의하면 신라의 효성왕(742)이나 선덕왕(785) 등 여러 왕들이 화장으로 장례를 치른 것으로 기록되어 있다. 이중장제에 대한 기록은 『삼국지』의 위지동이전魏志東夷傳 동옥저조東沃沮條나 위서魏書의 고구려에 대한 내용 등에서 찾을 수 있다. 이중장제는 주검을 가매장하여 살이 완전히 없어지면 뼈만 추려서 다시 정식으로 매장하는 형태를 말한다. 이러한 이중장제는 1970년대까지 우리나라 해안지방과 도서지방의 장례풍습으로 이어져 초분草墳이라는 형태로 남아 있었다.

고려시대에는 국가 차원에서 불교를 숭상했다. 때문에 불교는 당대 사람들의 세계관으로 자리 잡게 되었고 화장이 널리 행해졌다. 사찰은 장례 장소로 이용되기도 하였으며, 죽음을 앞둔 사람들이 임종을 맞이하는 장소이기도 했다. 이렇게 고려시대의 사찰은 당대 사람들이 죽음을 처리하고, 맞이하고, 기억하는 장소였다. 고려시대 사람들은 장례를 치르면서 불교의 49재와 천도의례를 행하였지만 동시에 무속에서 혼을 불러 위무하는 굿을 진행하기도 했다. 죽은 자를 모시는 장소는 불교의 사찰과 무속의 신당이 있었다. 따라서 사람들은 위패가 있는 사찰과 신당에 가서 제사를 지냈다. 고려시대 제사는 아들, 딸 구별 없이 윤번으로 돌아가면서 지냈고 비용도 공동으로 부담했다. 이렇듯 고려시대의 장례문화는 오늘날 우리가 생각하고 있는 유교식 장례 절차와는 거리가 있으며 유교와 불교, 무속 등 다양한 장례문화가 공존하는 사회였다.

고려시대와는 달리 조선시대에는 억불숭유抑佛崇儒 정책을 폈다. 유교를 국가 이념으로 했던 조선시대는 불교와 무속에 대한 탄압이 심했으며 모든 장례 방식이 유교식으로 수렴되었다. 고려시대에 유행했던 화장은 오랑캐의 습속으로 규정하여 금지하였고 무속에서의 굿은 '음사淫事'라고 해서 엄격하게 규제하였다. 국가가 인정하는 장례문화는 유교식이었으며, 양반과 사대부들을 중심으로 3년 상을 치르도록 했고, 가묘제家廟制를 실시하여 위패를 사당에 모시게 했다. 태종 때에는 3년 상을 치르지 않은 이에겐 과거시험을 제한하기도 했다. 이러한 국가의 적극적인 노력으로 조선의 장례문화는 시간이 지나면서 유교식으로 수렴되었으나, 죽은 자의 혼을 천도하는 불교의 천도재遷度齋와 무속의 굿은 일반 백성들, 양반과 사대부에게서도 성행했다. 조선 사회에서도 죽은 이의 혼을 위로하고 좋은 세상으로 보내기 위한 종교의례 등은 사라지지 않고 백성들 사이에서 천도재의 형식으로 유지된 것이다.

조선시대에는 고려와 다르게 장자가 제사를 담당했다. 장례 또한 가계의 대를 잇는 장자 중심으로 진행되었으며, 종법宗法의 체계에 따라 부모의 재산을 물려받는 사회체제가 형성되었다. 조선 중기에 들어서면서 유교식 장례문화가 보편적으로 자리 잡기 시작했으며, 오늘날 우리가 알고 있는 장례문화의 모습을 띠게 되었다.

조선은 유교를 통치이념으로 삼고 그에 맞는 사회체제를 건설하고자 하였지만, 조선 후기 들어 천주교가 전래되고 유교의 핵심 가치인 조상 제사를 부정하는 움직임이 일어나자 위기의식을 느껴 천주교를 박해하게 된다. 조선 정조 때 벌어진 이른바 신유박해辛酉迫害가 대표적인 예이다. 유학자 윤지충이 천주교로 개종한 뒤 어머니의 제사를 지내지 않는다는 사실이 알려지자 조선의 집권세력은 윤지충을 처형하고 천주교도들을 박해하기 시작했다. 이러한 사건들을 통해서 볼 때 장례문화는 국가의 통치 이념과도 관련이 있다는 점을 알 수 있다.

일제강점기에 이르면서 장례문화는 조선시대의 그것과는 다른 형태로 변모한다. 매장만을 장례의 방식으로 용인하던 조선의 화장 금지령이 폐지되고 화장장이 건설되었으며 공동묘지 제도가 도입되었다. 일본은 유교식 장례문화의 단절을 통해 조선의 정신문화를 탄압하려고 했다. 특히 묘지를 조선 국토를 식민지화하는 데 걸림돌로 생각하여 공동묘지 제도를 도입하려 했다. 이런 정책으로 인해 일제강점기 시절 경성부를 중심으로 화장이 일시적으로 늘어났으나 해방 뒤에는 다시 감소했다.

해방이 된 뒤 유교식 장례문화는 다시 일반적인 문화로 자리 잡게 된다. 사람들은 자신들이 원하는 방식으로 장례를 치렀으며, 유교식으로 장례를 치르면서도 혼을 위한 의례로 불교의 49재와 천도재, 무속의 진혼굿, 해원제 등이 함께 진행되었다. 이러한 장례문화는 큰 변동 없이 지속되다가 도시화와 산업화가 진행되면서 새로운 국면을 맞게 된다.

우리 전통사회에서는 집에서 임종을 맞이하고 집에서 장례를 치르는 것이 일반적이었다. 하지만 도시화와 산업화가 진행되어 사회구조가 바뀌면서 도시 지역의 아파트와 일반 가정집에서는 장례를 치르는 일이 어려워졌다. 이에 1990년대를 기점으로 장례 장소가 집에서 장례식장으로 급격히 바뀌기 시작했으며, 현재는 거의 모든 사람들이 장례식장에서 장례를 치르기에 이르렀다.

장례문화에서 또 하나의 큰 변화는 시신을 처리하는 장법이 매장에서 화장으로 변화했다는 점이다. 국토가 과밀화되면서 매장할 토지를 구입하는 게 어려워졌고, 도시화와 핵가족화가 이루어지며 묘지 관리에도 문제가 생겨 장례비용도 증가하게 되었다. 매장 문화로 인해 전국이 묘지로 뒤덮이게 되자 환경과 국토의 효율적인 관리 문제가 국가적 논의 과제로 떠올랐으며 화장을 장려하는 문화가 확산되었다.

이러한 화장 문화 운동은 전통적인 유교사상이 아직 깊이 남아있던 초기에는 성과를 거두지 못했으나 시간이 지나자 점차 사람들의 호응을 얻었다. 1993년도 화장률은 19.1%에 불과했지만 2005년엔 52.6%, 2017년에는 84.6%에 이르게 되었다. 이렇게 한국의 장례문화는 이제 유교식 매장 문화에서 유교식 화장 문화로 급격한 변동을 겪게 되었다.

한국의 장례문화가 급변하면서 '죽음의 산업화'가 진행되고 있다. 대부분의 병원들이 장례식장을 운영하고 있으며, 상조회사가 등장하여 장례 서비스를 일임하고 있다. 이제 TV, 신문, 미디어를 통해서 상조회사 광고를 접하는 일은 낯설지 않게 되었다. 또한 화장률이 증가함에 따라 화장한 유골을 안치하는 봉안당(납골당)도 흔히 볼 수 있게 되었다. 화장한 유골을 봉안당에 안치하는 것뿐만 아니라, 자연장(화장한 유골을 나무 아래, 화초, 잔디 주변에 안장하는 방법)을 하거나 가족봉안묘지를 이용하는 일도 많아졌다.

모든 인간은 태어나고 죽는다. 인류의 역사 속에서 죽지 않은 사람은 없었다. 인간은 죽음을 극복하기 위한 방법들을 강구하여 수명을 연장하는 데까지는 이르렀으나, 아직 죽음으로부터 벗어나는 방법은 얻지 못했다. 인간이 죽은 자를 위해 장례를 치러주고 죽은 자를 추모하는 문화를 만든 것은 스스로 유한한 존재임을 자각하고 이를 통해 삶의 문제를 고민하고 성찰하기 위한 방편이었을 것이다.

2 장례로 보는 죽음관

우리나라는 다종교 사회이다. 예로부터 우리 사회는 불교와 유교, 무속이 주류를 이루었고, 조선 중기 이후에는 기독교가 전래되면서 오늘날의 모습을 이루게 되었다. 현재 한국 사회에서 주요 종교는 크게 기독교와 불교로 구분할 수 있을 것이다. 하지만 여전히 유교가 한국인들의 일반적인 의식에 영향을 주고 있으며, 무속의 죽음관에 해당하는 원혼冤魂 등에 대한 생각도 여전히 갖고 있다. 더불어 세력은 미미하지만 민족종교와 신종교들도 뒤섞여 공존하고 있다.

종교는 사람들이 삶과 죽음에 대해 가지는 질문들에 대한 답을 제시한다. 내가 어떻게 태어났고, 어떻게 살아야 하며, 죽음 이후에 어디로 갈 것인가에 대해 종교는 나름대로의 답을 준비하고 있다. 이런 이유로 세계 대부분의 장례문화는 종교적 세계관과 죽음관을 반영한다.

유교는 인간이 혼魂과 백魄으로 구성되어 있다고 본다. 사람이 살아

있다는 것은 혼과 백이 결합된 상태임을 말한다. 반면에 죽음은 혼과 백의 분리되었음을 의미한다. 따라서 유교식 장례는 혼을 위한 의례와 백을 위한 의례로 구분된다. 예를 들어 유교식 장례에는 고복皐復이라는 절차가 있다. 죽은 자에게서 분리된 혼은 불러들여 회생시키기 위한 의례이자 죽음을 확인하는 절차이기도 하다. 또한 사람이 죽으면 백에 해당되는 육신은 땅에 묻어 매장하지만 혼은 다시 집에 돌아와서 사당에 모신다. 이렇듯 유교의 장례는 혼과 백에 해당되는 의례로 나누어 구성됨으로써 유교의 죽음관을 반영한다.

불교의 49재 또한 불교의 죽음관을 반영한다. 불교는 사람이 죽으면 7일의 기간을 두고 7번에 걸쳐 재를 지낸다. 이때 49일째 되는 날에는 인간이 다시 태어날 것인지 아니면 다른 모습을 가지고 태어날 것인지 등이 최종적으로 결정된다고 믿는다. 불교의 이런 죽음관 때문에 세상에 남아있는 자들은 죽은 자를 위해 49재를 진행하고 망자가 좋은 곳에 태어나기를 기원한다.

무속도 마찬가지다. 무속은 원혼冤魂과 관련한 죽음관을 가지고 있다. 즉 요절, 객사, 비명횡사한 사람의 혼은 원혼이 되어 저승으로 가지 못한 채 세상을 떠돌며 산 사람에게 해를 입힌다고 생각한다. 그래서 무속은 이들 원혼의 해원解冤과 진혼鎭魂을 통해 무사히 저승으로 보내주는 의례를 행한다.

개신교는 인간의 구원 문제가 생전에 이미 결정되어 있다고 믿는다. 개신교에서는 구원자로서의 예수를 믿느냐 믿지 않느냐에 따라 천국과 지옥이 결정된다. 그래서 기독교에서는 유교나 불교, 무속에서처럼 장례 절차에는 종교적 죽음관이 크게 반영되지 않는다. 이미 천국과 지옥이 결정되었기 때문에 사후에 남아있는 자가 할 수 있는 일이 거의 없다. 기독교에서 죽음은 인간적으로 슬퍼할 일이긴 하지만 동시에 천국으로 가는 관문이며 통과의례이기도 하다.

같은 기독교이지만 천주교에는 연옥이란 개념이 있어서 죽은 자를 좋은 곳으로 보내기 위한 연미사(위령미사)를 진행한다. 이렇게 개신교와 천주교는 같은 신앙의 뿌리를 가졌지만 장례문화에서는 차이를 보인다.

종교는 제사와도 밀접한 관련을 가진다. 유교는 제사를 매우 중요하게 생각한다. 불교와 무속도 마찬가지다. 반면에 개신교는 제사를 우상숭배로 여기며 배척한다. 같은 개신교라고 하더라도 교파와 개인의 신앙에 따라 조금 유연함을 보이기도 한다. 그래서 우리나라 기독교에서는 유교의 제사를 추도식으로 변형하여 예배를 진행하기도 한다. 반면에 천주교는 제사를 하나의 문화로 받아들이고 허용하며 개신교에 비해 유연한 태도를 보인다.

종교는 이처럼 장례나 제사 문화와 밀접한 연관을 맺고 영향을 주고받는다. 다종교를 용인하는 한국 사회에서 종교적인 이유로 장례 방식과 절차에 대한 갈등이 있었던 것이 사실이다. 개신교의 경우 유교의 장례 방식 가운데 일부를 우상숭배라 여겨 거부하는 태도를 취하였으며 제사에 대해서도 역시 같은 입장이었다. 하지만 현재에는 이러한 부분이 많이 해소되고 있다. 현대사회가 과학이 발전했다고는 하지만 여전히 종교는 사람들의 죽음관 형성이나 장례문화 또는 추모문화에 영향을 주고 있다.

3 문화유산으로 남은 우리나라의 상장례 문화

인류가 함께 보존하고 지켜가야 할 세계문화유산으로 지정되어 유네스코에 등재된 우리나라의 옛 왕릉과 무덤들이 많다. 유네스코는 세계유산협약에 따라 1972년부터 인류가 보호해야 할 탁월한 보편적 가치가 있다고 인정한 유산으로 문화유산, 자연유산, 복합유산을 각각 제정하고 있으며 우리나라 문화재청은 세계유산협약에 따라 우리나라의 지정된 세계유산을 보호·보존하기 위한 관리를 하고 있다. 우리나라의 문화유산들 중에서 유네스코 세계유산으로 등재된 장묘 관련 유적들과 함께 근현대의 장묘 역사를 보여주는 우리나라의 대표적인 묘지인 망우리 공원묘지를 통해 우리의 상장례 문화를 살펴보자.

선사시대의 고인돌유적

선사시대의 대표적인 무덤양식인 고인돌은 거대한 바위를 옮겨서 만

화순의 고인돌 군락에는 돌을 채취했던 흔적과 함께 각종 형태의 고인돌이 흩어져 있다.

든 것으로 오랜 세월에 걸쳐서 만들어진 것으로 보인다. 고인돌을 통해 우리는 선사시대 사람들의 삶의 양식을 살펴볼 수 있다. 이토록 커다란 돌을 움직여서 무덤을 만들려면 많은 사람들의 노동이 필요했을 것이다. 따라서 권력자나 지배층의 무덤일 것으로 추정하며, 당시가 계급사회였음을 알게 해준다.

우리나라는 고인돌 왕국이라고 부를 만큼 전 세계에서 가장 많은 고인돌이 분포되어 있다. 다양한 형태를 지닌 우리나라의 고인돌은 확인된 것만 3만여 기에 이르며 전국에 걸쳐 고르게 분포되어 있다.[1] 이는 세계의 분포되어 있는 고인돌의 40%를 차지한다. 그중에 세계문화유산

1 이형준, 『교과서에 나오는 유네스코 세계문화유산』, 시공주니어, 2010.

강화 고인돌. 청동기시대의 대표적인 북방식 고인돌이다.

으로 지정된 고인돌 유적지는 고창, 화순, 강화지역에 있다.

고창 죽림리 고인돌군은 최대의 고인돌 유적지로서 논 위로 100기가 넘는 고인돌이 흩어져 있으며, 상갑리, 도산리, 봉덕리, 운곡마을 등에 조성된 고인돌 유적 단지에는 400기가 넘는 고인돌이 밀집되어 있다.[2]

강화도의 고인돌은 우리나라 고인돌 가운데 가장 크고 세련된 조형미를 갖춘 대표적인 고인돌이다. 다양한 크기와 형태의 고인돌이 발견되어 여러 계층의 무덤으로 추정하고 있다.

화순 고인돌 유적지는 근처 채석장에서 돌을 채취한 흔적이 남아있어 고인돌의 제작 과정과 선사시대의 생활상을 짐작할 수 있다.

---

2 이형준, 『교과서에 나오는 유네스코 세계문화유산』, 시공주니어, 2010.

고인돌은 형식에 따라 북방식과 남방식, 개석식으로 구분된다. 북방식은 서울 · 경기지역, 남방식은 호남 및 서해안 지역, 개석식은 제주도 지역에서 주로 발견된다. 북방식은 탁자 모양을 하고 있다고 하여 탁자식이라고도 부르며, 남방식은 바둑판 모양을 하고 있다고 해서 바둑판식이라고도 부른다. 개석식은 받침돌 없이 넓은 덮개돌만 있는 형태다. 고인돌이 무덤이라는 의견이 많지만 종교적인 제의를 위한 제단이라고 주장하는 사람들도 있다. 특히 강화 고인돌은 50여 톤에 이르는 덮개돌을 두 개의 굄돌로 받치고 있고, 먼 곳에서도 볼 수 있는 곳에 위치해 있다는 점에서 권력을 상징적으로 드러내기 위한 제의祭儀 장소였다는 의견도 대두되고 있다.

기술이 발달하지 않은 당시의 사회에서 어떻게 그렇게 큰 돌을 운반하여 굄돌과 덮개돌을 겹쳐놓았는지는 불가사의하다. 우리나라의 고인돌군은 2000년에 세계유산으로 등재되었다

종묘

종묘宗廟는 조선왕조 500년의 역대 왕과 왕비의 신주를 모시는 사당이다. 이렇게 오랜 기간 이어진 왕실의 신주를 온전히 모신 사당은 세계적으로 유례가 없다. 조선을 건국한 태조 이성계가 한양을 새로운 도읍지로 정한 후 가장 먼저 종묘를 세우고, 궁궐과 사직단을 세웠다는 점에서 조상신을 모시는 유교적 전통과 왕실의 정통성을 상징적으로 보여준다.

서울 종로에 위치한 종묘는 왕과 왕비의 신주를 모신 사당답게 엄숙

역대 조선 왕과 왕비들의 신위가 모셔져 있는 종묘의 정전(사진 위)과 영녕전(사진 아래).

함과 절제된 아름다움을 보여주며 보존 상태 또한 우수하다. 앞면만 길이가 101미터에 이르러 동시대 단일 목조 건축물로서는 세계 최대 규모이다.[3] 내부에는 국보 제227호로 지정된 정전 19칸과 보물 제821호

3 강경환 · 조유진, 『왜 세계유산일까?』, 눌와, 2016.

종묘제례

로 지정된 영녕전 16칸을 비롯하여 어숙실, 판위대, 희생대, 찬막단, 향대청, 공신당 등이 있다. 1995년 세계유산으로 등재되었다.

종묘는 건축물로서만 의미를 지니는 것이 아니다. 이곳에서는 지금도 왕실 후손들에 의해 왕과 왕비의 제사가 치러지고 있다. 이를 종묘제례宗廟祭禮 또는 종묘대제宗廟大祭라 하며

종묘제례 내부

매년 5월 첫 번째 일요일에 제례를 거행한다. 이때 연주되는 음악을 종묘제례악宗廟祭禮樂이라 한다. 제례음악인 종묘제례악은 국악기들로 구성되어 제례 순서에 맞추어 연주되는데, 제사의례만큼이나 장엄한 아름다움이 돋보이는 종합예술로 그 예술적 가치를 더한다. 종묘제례악은 중요무형문화재로 지정되어 있으며, 2001년에는 보존해야 할 인류무형유산으로 유네스코에 등재되었다.

경주 대릉원지구

유네스코에 등재된 경주 역사유적지구는 신라의 수도 경주를 총 5개 지구로 나누어 불교국가로서의 고유한 문화와 탁월한 예술성을 특징적으로 보여준다. 신라는 천년동안이나 수도를 옮기지 않고 경주 한곳에서만 왕조를 이루었기에 그 시대의 유적과 유물이 그대로 남아있는 역사의 보고이다. 그중에 왕들의 무덤이 모여 있는 대릉원지구는 경주 시내의 곳곳에 작은 동산처럼 솟아 있는 고분으로, 다른 도시에서는 볼 수 없는 천년 왕국의 매장 문화를 잘 보여준다. 대릉원지구의 고분들은 황남리, 노동리, 노서리, 오릉 등에 있는 돔 형태의 고분들을 말한다. 1600년 전쯤에 만들어진 돌무지덧널무덤으로서 봉분의 지름이 80m, 높이가 20m를 넘어 6~7층 건물 높이 정도 되는 큰 무덤도 있다.[4]

돌무지덧널무덤은 신라시대의 대표적인 무덤 형태이며 '적석목곽분'이라고도 한다. 나무로 널과 덧널을 짜고, 그 주위에 강돌을 사용하

---

4 신라능묘 특별전 3천마총 팸플릿, 「천마 다시날다」, 국립경주박물관, 2014.

여 돌무지를 쌓고, 가장 바깥에 흙을 높게 쌓아 무덤을 만든다.[5] 왕권을 과시하기 위해 무덤을 크게 만들고 호화스러운 부장품들을 많이 넣었다. 그중에서 천마총이라고 부르는 황남리 155호분은 1973년에 발굴되었는데 신라의 금관, 금제 허리띠, 금제 관모 , 금귀걸이, 천마가 그려진 말다래 등 부장품이 11,526점에 이르며, 목걸이로 사용한 것으로 보이는 유리구슬 5,500여개가 출토되었다. 이를 통해서 화려하고 정교한 신라의 예술 수준을 알 수 있으며, 죽음 뒤에도 삶이 지속되리라는 생각으로 지하궁전을 꾸미려 했던 것을 짐작할 수 있다.

황남대총은 대릉원에서 가장 규모가 큰 무덤으로 두 개의 봉분이 서로 붙어있는 쌍무덤이다. 남쪽에 있는 무덤은 마립간의 것으로 보이고, 북쪽 편에 있는 무덤은 그의 부인의 무덤으로 보인다. 출토된 많은 부장품이나 무덤의 규모로 보아 왕릉으로 추정되지만 어느 왕인지는 정확히 알 수 없어 봉토무덤이라는 뜻의 '총冢' 자를 붙였다.

무덤 주인의 지위를 짐작케 하는 수많은 황금 장신구, 금은으로 만든 그릇과 함께 10대 여인으로 보이는 순장자도 발견되었다. 여러 개의 큰 독에 담아 놓은 곡식들과 음식이 함께 발굴되어 당시의 제의의 모습과 함께 음식물의 종류도 알 수 있다. 황남대총 남쪽에 있는 무덤에서는 일부러 깨뜨린 것으로 보이는 물품들이 발견되었다. 이 세상과 저 세상이 이어진다는 관념을 보여주는 것으로, 그릇을 파손함으로써 저승이 이생과는 다른 세상이라는 사실을 상징적으로 보여주는 것으로 추측된다.

---

5 「황금의 나라 신라의 왕릉 황남대총」 팸플릿, 국립중앙박물관 용산 개관 5주년 기념 특별전, 국립중앙박물관, 2010.

2000년에 경주 역사유적지구는 세계문화유산에 등재되었다. 경주 지역에는 아직 발굴되지 않은 유적이 많아서 아직까지 고분의 발굴이 계속되고 있으며 고분에 대한 연구도 계속 진행되고 있다.

백제 송산리와 능산리 고분군

백제 역사유적지구는 삼국시대 백제의 수도였던 공주, 부여 그리고 익산 등에 흩어져 있다. 백제 역사유적지구에는 공주의 공산성과 부여의 부소산성과 나성, 익산의 왕궁리 유적, 미륵사터 그리고 백제시대의 왕과 왕족의 무덤이 모여 있는 공주의 송산리 고분군과 능산리 고분군이 포함된다.

공주의 송산리 고분군은 웅진시기 백제 왕과 왕족들의 무덤들로, 백제의 중흥기인 제25대 무령왕 때 중국 등 동아시아와 활발하게 교류했다는 증거를 보여준다. 당시 백제는 한반도의 중서남부에 위치하여 넓

송산리고분 5, 6호분에서는 백제 무령왕의 묘지석과 함께 그 시대의 많은 유물들이 출토되었다.

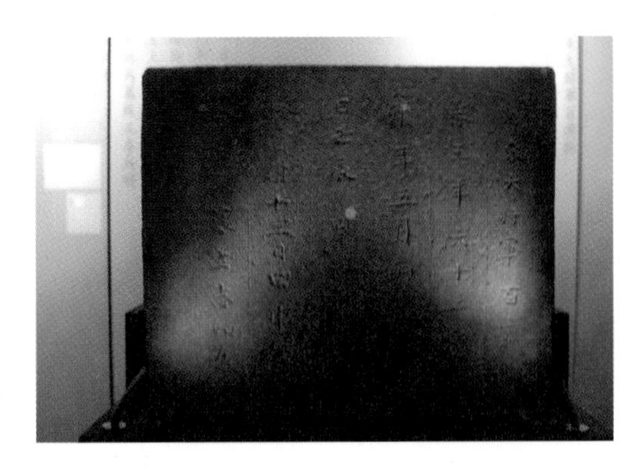

송산리 무령왕릉 묘지석

은 평야지대와 하천들을 거느리고 있어서 산물이 풍부하였으며, 지정학적 위치를 활용하여 일본, 중국과의 교류도 자연스럽게 이루어졌다. 백제는 주변국들과의 문화교류를 통해 선진 문물을 빠르게 수용함으로써 국가로서의 체계를 갖추어 나갔다. 송산리 묘역에서 발견된 무령왕릉에서는 중국과 교류했던 흔적들을 볼 수 있다. 무령왕릉이 백제의 전통적인 묘역과 달리 도성 외곽에 위치해 있다는 것과 이 무덤이 백제 고유의 돌방무덤이 아닌 중국식 벽돌무덤으로 만들어졌다는 것을 통해 백제가 중국과 교류했음을 알 수 있다. 또한 중국산 도자기나 일본산 금송으로 만든 목관 등의 부장품이 출토된 것으로 보아 백제가 동아시아 국가들과 활발하게 교류했음을 알 수 있다. 무령왕릉은 송산리 고분군의 무덤 중에 유일하게 도굴되지 않고 잘 보존된 상태로 발견되었는데 많은 유물이 출토되었고 묘지석이 발견됨으로써 이것이 무령왕의 능임을 쉽게 확인할 수 있었다.

왕릉들의 배열을 볼 때 송산리 고분에는 특별한 점이 있다. 송산리 고분군은 시기에 따라 동쪽부터 서쪽으로 차례대로 축조되었다. 그리고 중국이나 일본의 왕릉이 여러 장소에 흩어져 위치하는 것과 달리 송산리 고분군의 왕릉은 한 곳에 모여 있다.

능산리 고분군은 부여의 나성 인근인 지금의 능산리에 위치한다. 송산리 고분과 마찬가지로 능산리 고분도 도성 밖에 왕릉들이 위치한 것으로 보아 중국식 체제를 수용한 것으로 보인다. 그러나 무령왕릉과 달리 능산리 고분의 왕릉은 돌을 이용한 굴식 돌방무덤으로 축조하였다. 주로 육각형 천장 구조의 고임식 형태로서 백제의 전형적인 무덤형태에 해당한다.

이는 백제고분의 독창성을 보여주는 것으로 문화적 전통이나 문명의 유일한 또는 독보적인 증거가 되어 세계유산 평가기준에 부합한다. 특히 벽돌무덤인 1호분에서 출토된 사신도는 백제의 벽돌무덤 중 벽화가 그려진 유일한 사례로서 백제 회화 연구에 중요한 자료가 된다. 이들 고분군은 백제역사유적지구의 하나로, 2015년에 유네스코 인류무형무산으로 등재되었다.

조선 왕릉

세계유산에 등재된 조선 왕릉은 조선 왕조 519년 동안 27대에 걸친 왕과 왕비의 능 42기 중에서 북한에 있는 왕릉 2기를 제외한 40기이다. 조선 왕릉은 주변 자연경관과 지형이 독특하며 그 원형이 잘 보존되어 있을 뿐만 아니라 유교에 바탕을 둔 왕실의 제례문화를 잘 보여주고 있어 문화적 독창성이 잘 나타난다.

조선 왕릉은 조선 왕조 500년의 의례와 제도, 건축, 조경 등 유 · 무형의 문화적 요소들이 어우러진 공간으로, 조선 왕조 역대 27명의 왕과

구리시 동구릉 내에 있는 문조(익종)의 수릉으로 들어가는 홍살문.

왕비의 능들이 온전히 보존되어 있어 역사의 변천사를 한눈에 볼 수 있다.[6] 이는 세계적으로 유례를 찾아보기 어려운 예로 그 역사적. 문화적 가치를 인정받아 2009년 세계유산에 등재되었다.

남한에 있는 40기의 조선 왕릉은 서울과 경기도 등 서울 외곽 18개 지역에 흩어져 있다. 왕릉은 풍수지리상 우수하고 뛰어난 자연경관을 가지는 배산임수背山臨水의 명당 터에 마련되어 있다. 왕릉에는 제사 의례를 준비하는 관리 공간이 있다. 금천교禁川橋를 건너 홍살문으로 들어가면 왕이 걷는 길과 일반인들이 걷는 길이 나누어져 있으며 참도로 들

6 국립고궁박물관, 『조선왕릉, 왕실의 영혼을 담다』, 2016

어가면 정자각이 있고 그 뒤편에 봉분이 나타나는 구조로 되어 있다. 왕릉은 크게 세 구역으로 나누어지는데 봉분을 중심으로 한 능침공간陵寢空間과 제향공간祭享空間, 진입공간進入空間이 그것이다.[7] 배산임수의 풍수사상에 따라 봉분 주변에는 다양한 석물이 장식되어 있고, 곡장이라고 하는 담장이 둘러져 있다. 조선 왕릉은 그 모양이나 구성 형태가 비슷하면서도 각기 다르다. 능 주변의 석물이나 조각 기법도 시대에 따라 그 양식이 다르게 나타나는 것을 볼 수 있다. 조선 제3대 왕이었던 태종과 왕후가 묻힌 헌릉은 조선의 왕릉 중에서 석물이 가장 많으며, 고종의 홍릉과 순종의 유릉은 황제릉으로 만들어져서 그 규모나 배치가 기존의 다른 왕릉과 많이 다르며 능침의 삼계를 없애고 석물을 배전의 앞으로 배치하고, 정자각 대신에 일자형 건물의 배전을 세웠다.[8]

왕릉에서 현재까지도 제례가 행해지고 있는데 '산릉제례'라고 하며 봄·여름·가을·겨울 사계절을 대표하는 날과 청명에 올리는 제사이다.[9] 그 절차는 『국조오례의』[10]에서 정해진 대로 지금까지도 변함없이 유지되고 있다.

---

7 박경정, 「세계유산 조선 왕릉의 입지와 활용방안에 관한 연구」, 건국대학교대학원 박사학위 논문, 2014.

8 박경정, 「세계유산 조선 왕릉의 입지와 활용방안에 관한 연구」, 건국대학교대학원 박사학위 논문, 2014

9 국립고궁박물관, 『조선왕릉, 왕실의 영혼을 담다』, 2016.

10 국가와 왕실의 여러 행사에서 의식과 절차를 규정하여 놓은 책으로 조선시대 성종 때 편찬되었다. 종묘사직에 올리는 제사 의식이나 선농제, 기우제 등 국가에서 특별한 일이 있을 때 지내는 제사의식 또는 사대부나 일반 백성들의 제사 의례 등을 담고 있다.

고구려 고분군

고구려 고분은 고구려의 수도였던 평양과 황해도 지역, 중국의 길림성 등의 지역에 분포되어 있다. 무덤의 형태는 돌무지무덤과 봉토무덤의 두 가지 양식을 보여준다. 두 가지 양식 중 먼저 기원전 3세기경부터 돌무지무덤을 만들었다고 추정하고, 봉토무덤은 기원후 4세기경에 만들어진 것으로 알려져 있다. 고구려 고분의 특징은 그 시대의 생활상을 보여주는 벽화가 그려져 있다는 점이며 이 벽화는 고구려사 연구에 중요한 자료가 된다. 벽화에서는 기원전 1세기에서 8세기까지 고구려 민족의 복식과 생활상의 변화를 발견할 수 있다.

중국 길림성에 있는 무용총 벽화에는 춤추는 사람들과 사냥하는 무사가 그려져 있고, 천장에는 해, 달, 별, 사신, 신선, 구름, 연꽃무늬 등 다양한 무늬가 그려져 있다.[11] 고구려 고분은 수만 기가 흩어져 있는데 길림성 지역에서 발견된 벽화고분은 36기이고 평양지역에서 발견된 벽화고분은 76기이다. 평양지역의 대표적인 벽화고분으로는 쌍영총, 수렵총, 개마총 등이 있다.[12] 쌍영총은 두 칸의 무덤으로 앞 칸과 안 칸으로 나누어 기둥을 세웠고, 신분이 다양한 사람들의 생활상을 그린 그림은 당시 고구려의 생활문화와 세계관 등을 보여준다. 수렵총에는 말을 탄 사람이 짐승을 사냥하는 그림이 그려져 있고 사신도四神圖도 그려져 있다. 개마총은 천장 행렬도에 '무덤 주인이 개마를 타는 모습'이라는 기

11 복기대 외, 『4~5세기 동북아시아 고구려계 벽화고분의 이해』, 주류성, 2017.
12 복기대 외, 『4~5세기 동북아시아 고구려계 벽화고분의 이해』, 주류성, 2017.

무용총 벽화에 그려져 있는 사냥하는 무사의 그림.

록이 있어서 개마총이라고 한다.[13]

고구려 고분벽화에 그려진 인물들의 의복과 신발, 머리에 쓰는 관 등은 시대와 계급, 남녀에 따라 다르게 나타나며, 이는 당시 역사와 함께 복식 등 생활문화 연구에도 중요한 자료가 된다.

우리나라에 있는 많은 유적지들 중에서 아직 유네스코 세계문화유산으로 등재되어 있지 않지만 현재 심사 중이거나 등재를 준비하고 있는 고분군이 있다. 바로 김해와 함안에 있는 가야고분군(가야시대 장묘문화와 동북아시아의 교류를 보여 주는 고분군)과 고령 지산동 대가야 고분군(경

13 복기대 외, 『4~5세기 동북아시아 고구려계 벽화고분의 이해』, 주류성, 2017.

남 고령에 있는 가야 지역 최대 규모의 고분군) 등이다.

망우리 공원묘지

서울 중랑구 망우본동과 구리시 교문1동에 걸쳐 있는 망우리 공원묘지 또는 망우리공원으로 불리는 공동묘지는 1933년부터 조성되어 1973년 총 43,000여 기의 묘지가 조성되었으나 꾸준히 묘지를 이전하여 2015년 기준 8천여 기만 남아있다. 산책로와 운동시설 설치 등의 공원화 사업이 추진되었고 지금은 명소라는 인식은 거의 없다. 그러나 망우리 공원묘지에는 한국 근현대사에 기여한 많은 인물이 묻혀있어 역사적인 가치를 갖는다. 망우리 공원묘지 안내판에도 근현대사 50인에 대해 소개하고 있다. 애국지사 안창호, 독립운동가 오세창, 조봉암, 만해 한용운, 지석영, 방정환 등 많은 애국지사들이 안장되어 있다. 시인 박인환, 소설가 계용묵, 여류소설가 김말봉, 작곡가 채동선, 화가 이중섭 등의 예술가들도 안장되어 있다. 죽음과 관련된 장사시설이나 묘지시설에 혐오감을 가지고 있는 우리나라 사람들도 공동체와 관련된 묘역은 혐오시설이 아니라고 생각한다는 설문 응답이 높게 나왔다고 한다. 예를 들어 현충원, 4·19묘지 등도 공동묘지이지만 혐오시설로 인식하지 않는 것은 공동체와 관련된 장소이기 때문이다. 그러므로 망우리 공원의 근현대사적 의미를 잘 살리고 아름다운 경관을 만들어서 명소로 만든다면 이곳을 뜻 깊은 문화시설로 활용할 수 있을 것으로 보인다.

4 축제로서의 장례

죽음은 누구에게나 슬프고 엄숙한 것이지만 우리나라 진도 지방에는 유교식의 엄숙함과는 다른 축제적인 성격이 담긴 장례문화가 있다. '씻김굿'과 출상 전날 밤에 하는 '다시래기', 출상할 때 부르는 '진도만가'가 그것이다. 먼저 상가喪家에서 술과 음식을 준비하여 문상객을 대접하고 망자의 영혼을 씻기는 씻김굿을 한다. 씻김굿은 생전에 풀지 못한 망자의 한을 풀어줌으로써 극락왕생을 기원하는 것이다. 중요무형문화재 제72호로 지정된 씻김굿은 죽은 이를 표현하는 신체를 만들어 놓고 이승에서 맺힌 원한이나 아쉬움 등 모든 것을 씻어주어 편안하게 다음 세상으로 갈 수 있도록 하는 의식이다. 무당의 굿에는 악기와 춤과 노래가 들어간다. 모여 있던 동네 사람들도 하나가 되어 놀이판을 벌인다. 풍악을 울려 천지신령을 모시고 신을 즐겁게 하여 망자를 좋은 곳으로 천도하기 위한 주술적인 종교의식에서 출발한 것이 바로 굿이

진도 다시래기의 '봉사놀이' 중 출산하는 봉사마누라 장면 (사진출처: 국립민속박물관).

다. 인간이 행해왔던 원시적 제의 행위에 연희와 놀이, 의례의 형식을 더한 것이다.

출상하기 전날 밤에 노래와 춤, 재담을 섞어 연희처럼 펼치는 다시래기라는 일종의 '놀이'이다. 초상이 나면 마을 사람들은 처음에는 슬퍼하지만 발인 전날 밤에는 노래와 놀이가 가미된 민속놀이를 행한다. '진도다시래기'는 많은 민요와 다양한 춤,재담 등으로 초상집의 분위기를 즐겁게 바꾼다. 죽은 자를 떠나보내는 건 슬픈 일이지만 망자가 이승의 원한을 모두 풀고 저세상으로 갈 수 있도록 흥을 돋우는 것이다. 더 좋은 다음 세상으로 가는 것은 망자에게도 축하받을 일이고, 남겨진 자들도 즐겁게 보내주어야 좋은 곳으로 갈 수 있다고 생각하기 때문이다. 그래서 악기와 노래와 춤을 동원해 천지신명께 정성을 바치는 것이다. 죽음은 지금 살아있는 사람도 언젠가는 맞이할 수밖에 없는 것이기에 망자를 위한 이런 축제는 결국 산 자와 죽은 자 모두를 위한 것이다.

다시래기는 일정한 형식적 구조를 가지고 있다. 먼저 사당놀이(거사와 사당이 우스갯소리를 하면서 펼치는 무극)로 신명을 돋운 뒤에 사자놀이라는 촌극과 상제놀이, 봉사놀이와 빈상여놀이로 마무리한다. 이들이 벌이는 놀이는 일상의 도덕을 깨는 원색적인 내용과 몸짓으로 이루어지는데, 매우 해학적이어서 상가에 모인 사람들 뿐만이 아니라 상주까지도 웃지 않을 수 없게 만든다. 이런 웃음을 통해 슬프고 침울할 수밖에 없는 상가의 분위기를 바꾸어 주는 것이다. 이는 망자를 떠나보내는 전야제로, 슬픔을 이기고 망자를 좋은 곳으로 보내기 위한 성대한 환송회를 열어주는 것과 같다. 또한 죽음은 끝이 아니라 새롭게 태어나는 것으로 보며, 죽음이 슬퍼할 일만은 아니라는 죽음관을 반영한다. '다시래기'라는 말이 '다시나기'에서 유래되었다고 보는 것도 이 때문이다. 죽은 자는 저승으로 편안히 보내주고 남은 자들은 슬픔을 딛고 다시 힘을 내어 일상으로 돌아갈 수 있게 해주려는 의도를 지닌다.

빈상여놀이는 상을 당한 가족과 유족들을 위로하기 위하여 출상出喪 전날 밤에 상가의 마당에서벌이는 장례놀이를 말한다. 상여가 나가기 전날 밤 상두꾼들이 다음날을 위해 빈 상여를 메고 상여가를 부르며 발을 맞춰 예행연습을 한다. 망자의 사위를 상여에 태우고 운구하며 놀리는 등 떠들썩한 농담과 욕설과 장난으로 장례 막바지에 지친 유족들을 웃게 하여 상가의 분위기를 바꾸는 것이다.

씻김굿과 다시래기가 끝나고 발인 날이 되면 상여꾼들이 상여를 메고 장지로 나아간다. 이때 부르는 소리가 '진도만가'이다. 전라남도 무형문화제 제19호로 지정되었는데 남자만이 상두꾼이 되는 다른 지역들과 달리 진도에서만 유일하게 여자도 상두꾼으로 참여하여 소리를 하는 것이 특징이다. 앞에서는 악귀를 쫓으며 나아가고 뒤에서는 사물과 피리소리에 맞추어 소리가 이어진다. 그 소리는 망자의 가는 길을 위로하는 내용과 망자를 대신하여 망자의 하고 싶은 말을 소리로 하기도 한다. 일정한 리듬에 맞추어 앞서서 부르는 사람의 소리와 상두꾼들이 함께 소리를 한다.

전통사회에서 장례식은 죽음을 애도하는 가족의 통과의례일 뿐만 아니라 마을 공동체의 큰 행사로 여겨졌다. 장례절차는 유가족을 위로하고 망자를 좋은 곳으로 보냄과 동시에 어우러져 축제를 벌이는 사회적 단합의 장이 되기도 했던 것이다. 진도의 다시래기 그리고 진도만가는 인간의 한과 죽음을 예술과 해학으로 승화시킨 독특한 장례의식이다. 상가에서 벌이는 놀이로 전승되어 오다가 점차 민속놀이로 정착하여 진도와 인근 도서지방에서 전승되고 있다. 전통 장례 방식이 사라져가는 이때에 축제적 성격을 지닌 전통 장례문화로서 진도 다시래기가 지닌 의미를 계승하고 지켜가야 할 것이다.

참고문헌

- 구미래, 『존엄한 죽음의 문화사』, 모시는사람들, 2015.
- 김미경, 『진도 축제식 상장례 민속의 연희성과 스토리텔링』, 민속원, 2013.
- 이상해, 「세계문화유산과 조선왕릉: 그 역사와 향후 과제」, 한국대학박물관협회 제61회 학술발표회, 2009
- 정재윤, 「백제역사유적지구의 세계유산 등재와의미」, 百濟文化 第54輯, 2016.
- 유네스코한국지부 http://heritage.unesco.or.kr
- 국사편찬위원회, 『상장례, 삶과 죽음의 방정식』, 두산동아, 2005.
- 강경환 · 조유진 지음, 『왜,세계유산일까?』, 눌와,2016.
- 네이버 지식백과, 한국민족문화대백과, 한국학중앙연구원 자료, 두산백과

[일본]

1 일본인의 종교와 죽음관

역사적으로 볼 때 일본 사람들의 사생관은 돌발적인 재해가 잦은 기후와 자연환경의 영향을 많이 받았다. 또한 불교와 신도, 조상제사와 유교, 무사도 등의 종교 · 문화적 배경이 일본 사람들의 사생관에 강한 영향을 미쳤다.

일본 열도는 남북으로 길게 뻗어 있어 홋카이도 북단에서 난세이제도 남단까지 위도 차이가 22° 나 된다. 연평균 기온도 홋카이도의 와카나이가 6.3℃이고 오키나와 섬의 나하가 22.3℃로 남북의 차이가 16℃나 된다. 일본 열도는 냉대기후에서 열대기후까지 다양하고, 복잡한 지형과 해류의 영향도 크게 받는다. 환태평양 지진대에 속한 지반은 극히 불안정해서 세계에서 발생하는 규모 6.0이상의 지진의 5분의 1 정도가 일본에서 발생한다. 여기에 감지되지 않는 미세한 지진까지 포함하면 무수하게 많은 지진이 발생하고 있는 것이다. 또한 일본에는 전 세계의

10분의 1에 해당하는 86개의 활화산이 있어 국토 전역에서 화산 분화가 잦다. 후지산은 지금까지 여러 차례 분화한 적이 있고 앞으로도 분화가 계속될 것으로 예상된다. 또한 매해 30개 가까운 태풍이 일본 열도 쪽으로 향한다. 태풍으로 인한 강풍과 호우, 하천 범람으로 인해 일본은 해마다 막대한 피해를 입는다.

일본 사람들은 어릴 때부터 지진 대피훈련을 받으며 생존하는 법을 익히고, 이 과정에서 죽음에 대비하는 마음을 갖게 된다. 많은 자연재난을 겪으며 언제 어디서 다가올지 모르는 죽음에 대해 고민해야 하기 때문이다. 또한 고령화 사회를 일찍 경험하였고 독거노인의 고독사가 사회 문제로 떠오르며 인생의 마지막을 미리 준비하자는 운동이 확산되고 있다. 자연스러운 죽음의 과정을 긍정적으로 인정하고 그대로를 받아들이는 것은 쉬운 일이 아니다. 그러나 그동안 축적된 경험들은 일본인들로 하여금 갑자기 닥친 재연재해에도 차분함을 잃지 않고 대처할 수 있는 마음자세를 갖추게 했다. 때문에 도심 한가운데 대규모 공동묘지가 있어도 눈살을 찌푸리기보다는 자신도 언젠가 그곳에 안치될 거라 생각하며 공원처럼 드나들고 꽃놀이 장소로도 이용한다. 죽음을 바라보는 인식이 우리와 사뭇 다른 것을 알 수 있다.

일본 사람들은 삶과 죽음이 단절되지 않고 연결되어 있다는 생각을 가지고 있다. 또한 사람이 죽으면 영혼이 하늘이나 산, 바다, 숲으로 간다고 생각한다. 봄이 되면 조상신이 후손들이 사는 마을로 내려와 농사가 잘 되도록 도와주고 산으로 돌아간다는 믿음도 갖고 있다. 하지만 사회적 변화와 함께 일본 사람들의 영혼관은 현실적으로 변하고 있다.

조상을 기리고 장례 절차를 중요시하던 문화가 1인 가구와 독거노인의 증가로 가족묘의 유지가 어려워지고 사회적 관계가 축소되면서 점차 간소화되는 추세로 가고 있다.

일본에는 신도, 불교, 기독교, 기타 신흥종교 등 다양한 종교가 있다. 그러나 일본 사람들은 종교를 신앙뿐만 아니라 관습이나 풍속과 연결시켜서 믿는다. 새해가 되면 신사나 절에 가서 참배하며 한 해의 건강과 행운을 기원하고, 결혼식은 신도나 기독교식으로 거행하며, 장례식은 불교식으로 하는 것만 보아도 알 수 있다. 특히 신도와 불교는 일본의 관습이나 풍속에 매우 강한 영향을 미치고 있다.

신도神道는 일본에서 가장 오래된 고유 종교다. 자연 숭배의 정령신앙이 종교로 발전한 애니미즘animism적인 요소가 강한 일본의 토착 종교라고 할 수 있다. 특히 신도에는 성서나 불경, 코란과 같은 경전이 없고, 석가모니, 예수, 마호메트 같은 교조도 없다. 천둥이나 번개 같은 자연현상이나 각종 자연물, 역사상 위대한 인물, 조상 등을 신격화하여 받들기도 하고 천황을 신으로 숭배하기도 한다. 원시 신도의 신들 중에는 산, 바위, 바다, 물, 땅, 바람, 천둥과 같은 자연현상을 신격화한 자연신이 압도적으로 많다.

메이지 시대에는 서양과 어깨를 나란히 하며 근대화를 추진하기 위해 국가와 국민을 결속시켜줄 이데올로기가 필요했다. 메이지 정부는 천황을 절대화, 신격화하기 위해 천황의 조상신을 숭배하는 신도를 전국적으로 조직화하는 '국가 신도'를 만들어 국민들이 천황을 떠받들도록 했다. 천황의 생일인 천장절이나 초대 천황으로 받드는 진무의 즉위

도쿄에 있는 메이지 신궁의 도리이. 메이지 천황과 그의 아내 쇼켄 황태후의 영혼을 봉헌한 곳이다.

일인 기원절을 가장 중요한 국경일로 정하는 등 민족적 우월감을 심어 주는 데에 신도를 이용했다. 신사의 입구에는 일반 사찰과 달리 붉은 색으로 '도리이'라는 문을 만들어서 신성한 공간임을 구분하는 경계로 하였다. 이렇게 메이지 정부는 신사를 전국적으로 창건하여 관리하였고, 식민지 조선에도 신사참배를 강요하는 등 국가 신도를 강화하였다.

일본 사람들은 매년 새해가 되면 역대 천황의 위패를 모신 메이지 신궁에 가서 참배를 한다. 메이지 천황은 일제강점기 우리나라 서울 남산에 있던 조선 신사의 제신이기도 했다. 임진왜란 때 조선을 침략했던 도요토미 히데요시는 도요쿠니 신사의 제신이 되었고, 제2차 세계대전을 일으킨 전쟁범죄자의 위패를 야스쿠니신사에 모셔 놓고 참배하기도 한다. 신도에서는 사람도 죽어서 신이 될 수 있기 때문에 신사는 앞으로도 계속 늘어날 것이다.

2 전통 일본 장례의 절차

혼부르기

주위 사람들이 고인의 이름을 부르면서 육체로부터 분리되려는 혼을 되돌아오게 하고자 한다.[14] 이를 '곤요비(혼 부르기)'라고 한다.

유칸

의사가 임종을 선언하면 가족들은 차례로 솜에 물을 적셔서 고인의 입술을 축여준다. 이를 '마츠고노 미즈(마지막 물)'라고 한다. 저세상에 가면 아무것도 먹거나 마시지 못한다고 생각하기 때문에 이 세상에서 마지막으로 입술에 물을 축여주는 것으로 이별을 고하는 것이다. 지금은 가족이 나무젓가락에 탈지면을 감아 물을 적셔 고인의 입술을 축여주

---

14 한국장례문화진흥원, 〈국내외 장례문화〉 http://www.kfcpi.or.kr/infoMadang/funeral_info.do?cid=c1413

는 것으로 대신한다. 입술에 물을 축여주는 의식이 끝나면 시신을 따뜻한 물로 씻는다. 이것을 유칸湯灌이라고 한다. 옛날에는 시신을 미지근한 물에 넣어서 씻어 주었으나, 요즘은 알코올이나 뜨거운 물로 닦아준다. 유칸이 끝나면 고인이 좋아했던 옷을 입히거나 흰색의 수의를 입힌다. 여성이면 엷은 화장을 하고, 남성이면 수염을 깎아주는 등 단장을 한다. 옛날에는 가족들이 이런 일을 했으나 최근에는 장례식의 전 과정을 장의업자에게 맡기는 경우가 많다.

사자밥

죽은 것이 확인되면 곧바로 음식을 준비하여 고인의 베갯머리에 바치는데, 이를 '마쿠라메시枕飯'라고 한다.[15] 지방에 따라 쌀을 빻아 경단을 만들어 바치기도 한다. 이때 사자를 위한 음식은 특별히 새로 만든 불을 사용하여 만든다.

입관

시신의 단장이 끝나면 머리가 북쪽을 향하게 하고 베개 없이 눕힌 다음 흰 천으로 덮는다. 승려가 경을 읽고 고인에게 사후의 불교식 이름인 계명을 부여한다. 유해는 칠이 되지 않은 목관에 안치한다. 관 앞에 병풍을 치는데, 이때 병풍은 거꾸로 세운다. 병풍 앞에 제단을 설치하여 향로와 촛대를 배치하고 생전에 고인이 사용하던 그릇에 밥을 고봉으

---

15 한국장례문화진흥원, 〈국내외 장례문화〉 http://www.kfcpi.or.kr/infoMadang/funeral_info.do?cid=c1413

로 담아 그 위에 수저를 꽂는다.

오쓰야

장례기간에는 기중忌中이라는 글씨를 써서 대문에 붙인다. 장례식 전날 밤은 가까운 가족이나 친지들이 모여 고인의 시신를 지키며 하룻밤을 함께 지내는데 이를 '오쓰야お通夜'라고 한다. 예전에는 시신을 입관하지 않고 이불에 눕혀둔 채 유족들과 친지들이 향을 피우고 촛불을 밝히며 하룻밤을 지새우는 풍습이 있었다. 밤이 되어 잡귀가 침입하는 것을 막고 야생동물들이 접근하지 못하게 하려는 의도였다. 그러나 요즘은 '쓰야'를 맞이하기 전에 입관을 하고 시신을 제단에 안치하며, 유족과 친척들뿐만 아니라 많은 사람들이 참석하는 것이 일반적이다. 밤을 새우는 풍습도 거의 없어졌다.

문상

보통 장례식에 참석할 때 남성은 검은 양복에 검은 넥타이를 매고, 여성의 경우엔 수수한 색의 옷 아니면 검은색 정장이나 원피스를 입는다. 액세서리는 하지 않는 것이 원칙이지만 검은 보석이나 진주는 허용된다. 조문객들은 분향을 하고 고인에게 이별을 고하는데, 향로에 향을 꽂는 분향의식은 불교식 장례에서만 행하고 신도식이나 기독교식 장례에서는 국화를 헌화한다.

문상할 때 내는 부조금을 고덴香典이라고 하는데 옛날 일본 사람들이 쓰야나 장례식에 향을 가지고 간 데서 유래한 말이다. 요즘은 거의 현금

으로 부조를 한다. 액수는 이웃인 경우 3천 엔에서 5천 엔, 좀 더 가까운 친구인 경우에는 1만 엔 정도다. 고덴을 받은 유족들은 장례식이 끝난 뒤 부의금의 반액 정도에 상당하는 물품을 문상 온 사람들에게 보내 감사를 표시한다. 이것을 '고덴가에시香典返し'라고 한다. 유족들이 마음을 안정시킨 뒤에는 고인이 사용하던 물건을 나누어 갖는데 이것을 '가타미와케形見分け'라 한다. 유품을 나누어 갖는 사람은 형제, 자매, 자녀, 손자, 조카 등이고 친하게 지내던 친구나 친지에게 주기도 한다. 유품은 고인의 분신이라 여기며 소중히 간직한다.

문상할 때 내는 부조금 고덴香典의 이름은 옛날 일본 사람들이 장례식에 향을 가지고 간 데서 유래했다.

장례식에 다녀오면, 집에 들어가기 전에 신성한 정화를 의미하는 소금을 온몸에 뿌리고 집안에 들어가도록 되어 있다. 집안에 액운을 가지고 들어오지 않기 위함이다. 따라서 유족들은 손수건과 소금 봉투를 세트로 준비해서 조문객들에게 나누어주기도 한다.

안장

화장 뒤에 유족들은 소각로 앞에서 기다리고 있다가 유골을 항아리에 수습하여 집으로 가져오며, 다음날 사찰 경내에 있는 가족묘지나 공동묘지에 안장한다. 일본은 가족 대대로 하나의 무덤을 물려주는 '납골당 형태'의 묘지 제도를 가지고 있다. 하나의 묘는 개인의 묘지가 아니라 한 가족의 묘, 한 집안의 묘가 되는 것이다. 묘지가 정해지지 않았거나 멀어서 바로 갈 수 없는 경우에는 사찰의 납골당에 안치했다가 뒷날 안장하기도 한다. 49재까지 불단에 안치했다가 묘지에 안장하기도 한다.

제사

장례와 마찬가지로 제사도 불교식으로 치른다. 일본 사람들은 제사와 같은 공양 행위가 죽은 조상을 신으로 승격시킨다고 믿는데, 만약 공양을 게을리 하면 신이 될 수 없다고 믿기 때문에 장례와 제사를 잘 모신다.

일본 사람들은 77일, 49일, 1주기, 3주기, 7년, 13년, 17년, 23년, 27년, 35년, 49년의 기일에 제사를 지낸다. 홀수를 경사스러운 숫자로 생각하기 때문에 나눌 수 없는 수나 7의 배수가 되는 날을 기일로 한다. 보통은 33주기를 마지막으로 제사가 종료되지만 신이 되는 49년을 최종 기일로 하기도 한다. 그래서 49주기가 끝나면 불단에 모셔둔 위패를 태워 버리거나 무덤이나 절에 모신다.

3 현대 일본의 장례

일본 사람들은 사람이 태어나면 신사에 가서 참배하고, 결혼은 교회나 호텔에서 한다. 그리고, 죽으면 본인의 종교와 관계없이 절에 가서 불교식으로 장례를 치르고 시신을 절로 모시고 가서 장례 절차를 밟는다. 불교식 화장으로 장례를 행하기 시작한 것은 불교가 들어온 헤이안 시대 이후인 8세기경부터로 추정된다. 시신을 처리하는 방식은 옛날에는 매장이 주를 이루었지만 요즘은 화장이 일반적이다. 신도식 사고에서는 화장 방식이 죽음을 부정하는 것이라 하여 꺼렸기 때문이다.

일본 묘역들은 이 나라만의 특징을 가지고 있다. 첫째, 석조묘탑으로 이루어졌으며 좁고 규모가 작다. 석조로 이루어진 묘탑이라 우리나라처럼 벌초할 필요가 없고, 물을 사용하여 먼지를 닦아내는 정도다. 둘째, 일본의 묘지는 마을 안이나 도시 인근에 위치하여 죽은 자와 산 자가 공존하는 듯한 모습을 보인다. 셋째, 일본의 오랜 습속인 '양묘제兩墓

일본의 묘지는 좁고 규모가 작으며 주로 석조 묘탑들로 이루어진 것이 특징이다.

制'가 현대 생활에 맞게 수용되고 있다. 양묘제란 한 사람을 위해 두 개의 묘를 쓰는 것을 말하는데, 자기 고향에 묘를 하나 만들고 현재 살고 있는 도시에 하나를 더 만드는 식이다. 이렇게 하면 추석날이나 설날에 자손들이 몰려드는 성묘 대란을 겪지 않아도 된다. 요즈음은 대부분 화장을 하기 때문에 분골分骨, 즉 유골을 두 개의 묘에 나누어 안치하는 것이 가능하다.

현대 일본의 장례식은 3일장을 기본으로 한다. 우리나라에서는 고인의 시신을 냉장시설에 안치하고 가족들은 다른 장소에 마련된 장례식장에서 장례를 치른다. 그러나 일본은 시신을 냉장시설이 있는 다른 장소에 안치하지 않고 고별식장 한쪽에 마련된 안치실을 통해 가족

일본의 장례식장인 고별식장. 한쪽에 마련된 안치실을 통해 고인의 모습을 볼 수 있다.

이 고인의 모습을 볼 수 있는 곳에 둔다. 장례식장에서 직접 방부처리(embalming)를 실시할 수 있기 때문이다.

본 장례식(고별식) 이전에 가족들은 오쯔야(마지막 가족식사)를 한다. 장례식(고별식) 행사는 발인 당일에 이루어지며, 추도객들이 낸 부의금의 50% 이상을 답례품으로 지급하는 풍습이 있다.

오늘날 일본 장례식의 50% 정도는 직장直葬으로 치러진다. 직장은 장례식 절차를 간소화하여 빈소와 조문을 없애고 바로 화장하는 것을 말한다. 고인의 사망이 확인되면 유해 보관 시설에서 24시간 이상 보관하고(우리나라와 마찬가지로 법적으로 24시간 이내에는 유해를 화장할 수 없다.) 이후 화장시설에서 간단한 의식을 치른 뒤에 화장한다. 장례식 비용은 보통 150만 엔에서 250만 엔 정도가 드는 데 비해 직장은 비용이 그의 10

도심 속에서 장례를 치를 수 있는 호텔형 장례식장 라스텔.

분의 1 수준밖에 되지 않는다.

일본의 장례 관련 시장은 연간 10조 원 정도이며 앞으로 점점 증가할 것으로 보인다. 초고령화 사회로 접어든 일본에서 2015년에 약 129만 명이었던 연간 사망자 수가 점점 증가할 것으로 예상되기 때문이다. 장례식의 형태를 묻는 조사에서 가장 높은 응답을 보인 것은 가족이나 친한 사람들만 소수가 모여 가족장을 치르는 것이었고, 다음으로 높은 것은 장례식을 하지 않고 화장만 하는 것이었다. 독거노인과 단독세대의 증가로 가족묘의 유지가 어려워지고 사회적, 인적 관계가 줄어들어 장례식에 참석하게 되는 사람이 감소함에 따라 자연스럽게 장례문화가 간소화되고 있는 것으로 보인다.

최근에는 다양한 요구에 맞춰 장례식장도 변하여 도심 속에서 장례를 치룰 수 있는 '라스텔'이라는 호텔형 장례식장이 생겼다. 호텔형 빈소를 마련하고, 가족이 24시간 방문하여 면회하는 것이 가능하며, 공용 공간에서 오쯔야를 진행하고 장례식을 거행할 수 있다. 주로 도심에 위치하며, 화장 스케줄이 지연되면 3일 이상 이용할 수도 있다.

오늘날 일본은 점차 빈소와 장례절차를 간소화하고 있지만 발인 차량이나 사당 등은 화려하게 하는 등 양극화의 모습을 보이고 있다.

연간 사망자 수가 늘고, 장례 시장 규모가 커지면서 일본에서는 '슈카쓰終活' 산업의 규모도 커지고 있다. 슈카쓰는 생전에 미리 임종을 준비하는 활동을 말하는데, 이로 인해 인생의 마지막을 잘 준비하자는 인식이 일본 전역에 확대되었다. 슈카쓰가 특이한 것은 죽음을 앞둔 당사자가 자발적으로 임종을 준비한다는 점이다. 자녀가 부모의 장례에 대비하기 위해 상조에 가입하는 우리나라의 세대부조와 달리 슈카쓰는 당사자가 자신의 장례를 비롯한 사후 정리를 적극적이고 주도적이며 단계적으로 진행한다. 주요 슈카쓰 활동으로는 자신의 장례식 준비, 재산 상속, 남겨진 가족들을 위한 정리, 엔딩노트 작성 등이 있다. 이렇게 미리 죽음을 준비하는 문화는 남에게 보여주기 위한 장례보다 검소하고 실속 있는 장례식을 선호하도록 국민 의식에 변화를 가져왔다

죽고 나면 자연으로 돌아간다는 인식과 함께 2005년에는 우리나라의 수목장과 같은 벚꽃장이 등장했다. 우리나라의 장례업체나 상조회사와 달리 이를 주관하는 장례 업체는 임종 후의 절차뿐 아니라 죽음을 맞이할 때까지 어떻게 살아갈지도 함께 고민하고 지원해준다.

최근에는 스마트폰이나 PC에 남겨진 개인정보들을 정리해주는 유품업체가 등장해 높은 인기를 얻고 있다. 이들 업체는 디지털 기기에 남겨진 기억들을 정리해 유족들에게 필요 정보를 제공해 주며, 사망 뒤에 SNS 활동 이력을 노출시키고 싶지 않을 때에는 이를 깨끗이 정리해 주기도 한다.

4 죽은 영혼들을 위한 오봉축제

오봉

우리나라의 추석과 비슷한 일본의 오봉お盆은 일본의 최대 명절 중의 하나다. 일본에는 전통적으로 음력 7월 15일 전후에 조상에게 제사를 지내는 풍습이 있었는데, 지역에 따라 다르지만 오늘날엔 대개 8월 15일을 전후하여 행사를 한다. 조상의 영혼이 1년에 한 번 이승의 집으로 찾아오는 날이라 하여 각종 음식을 장만하여 조상에게 바치고 성묘를 한다. 대부분의 직장들이 휴가를 주고 많은 사람들이 고향을 찾아가기 때문에 역이나 공항이 북적거리고 도시엔 공동화 현상이 일어나며 우리나라의 추석처럼 전국 고속도로가 민족 대이동으로 교통체증을 앓는다.

봉盆은 죽은 이의 영혼을 의미하는 우라본盂蘭盆이라는 불교용어에서 유래했다. 대개 8월 15일에 진행되는 봉은 조상을 맞이하는 절차, 모시는 절차, 보내는 절차 순으로 행사를 진행한다. 혼령을 맞이하기 전날 벌초를 하고 마을에서 묘지에 이르는 길의 풀을 깎는데, 이 길을 봉미치盆道라고 한다. 13일 아침에는 가정에 제단을 만들어 위패와 향, 꽃, 과일, 채소, 떡, 정화수 등 조상에게 바치는 공양물을 차려 놓는다. 특히 오이나 가지에 나무젓가락을 꽂아서 만든 소나 말의 형상을 올려놓는데, 조상의 영혼이 이것을 타고 오라는 뜻이다. 13일 저녁에는 대문 앞에 모닥불을 피워 조상의 영혼을 실내에 맞이한 뒤 제사를 지낸다. 14일에는 조상의 원혼을 집안에 모셔 두는데, 이때 승려를 불러 불경을 올리는 집안도 있다. 15일 밤에는 조상의 영혼을 다시 저승으로 돌려보내기 위해 대문 앞에 모닥불을 피워 배웅한다. 제단에 놓아두었던 과일과 채소는 하천이나 바다에 띄워 보낸다. 지역에 따라 종이배에 싣고 촛불을 밝힌 조상의 영혼을 강물에 띄워 보내기도 한다.

봉오도리 축제

일본의 오봉 축제는 죽은 사람들을 위한 축제이다. '봉'은 오봉을 말하며, '오도리'는 춤이라는 뜻이다. 원래 봉오도리盆踊り의 뜻은 죽은 조상이나 영혼을 잘 달래 다시 저승으로 보내는 것이다. 가족들은 묘에 가서 조상들의 영혼이 쉽게 찾아 올 수 있도록 종이로 만든 등을 달아 놓는다. 그리고 집에 돌아오면 영혼들이 들어 올 수 있도록 문을 열어 두고 오랜만에 모인 가족끼리 식사를 한다. 이날엔 '봉오도리'라는 춤을 추는데, 나이에 상관없이 모든 사람들이 나와서 등불을 밝힌 단 주위에 둥글게 서서 혼령들이 놀라 도망가지 않도록 엄숙하고 우아하게 춤을

봉오도리 축제의 마지막 날에는 종이배를 만들어 호수나 강에 띄움으로써 조상들의 영혼을 다시 돌려보낸다.

춘다. 동네 사람들이 유카타라고 하는 무명 홑옷을 입고 망대 주위를 돌면서 춤을 추는 이 축제는 온 마을 사람들이 즐기는 대동제적 성격을 지닌다.

봉오도리 축제는 원래는 불교문화에서 비롯되었다. 석가모니 제자 중 한 명이 지옥에 떨어져 고통 받는 어머니를 위해 지극정성으로 공양하여 구해냈다는 설화를 토대로 하는데, 현재는 지역사회의 친목을 다지는 여름밤의 즐거운 놀이로 정착되었다. 축제의 마지막 날에는 종이배를 만들어 호수나 강에 띄움으로써 조상들의 영혼을 다시 돌려보낸다. 이를 토로나가시燈籠流し라고도 하는데, 조상들의 혼을 돌려보내는

봉오도리 축제 때엔 모든 사람들이 나와서 등불을 밝힌 단 주위에 둥글게 서서 엄숙하고 우아하게 춤을 춘다.

형식은 지역마다 달라서 망루에 올린 북을 둘러싸고 춤을 추거나 등불을 떠내려 보내는 지역도 있다.

참고문헌

- 류희승, 『일본인과 일본문화』, 재팬리서치21, 2012.
- 김영, 『일본문화의 이해』, 제이엔씨, 2006.
- 박소현, 『일본인의 삶과 양식』, 안문사, 2014.
- 이은주, 『일본 일본인 일본문화』, 백산출판사, 2017.
- 구태훈, 『일본 문화이야기』, 재팬리서치21, 2012

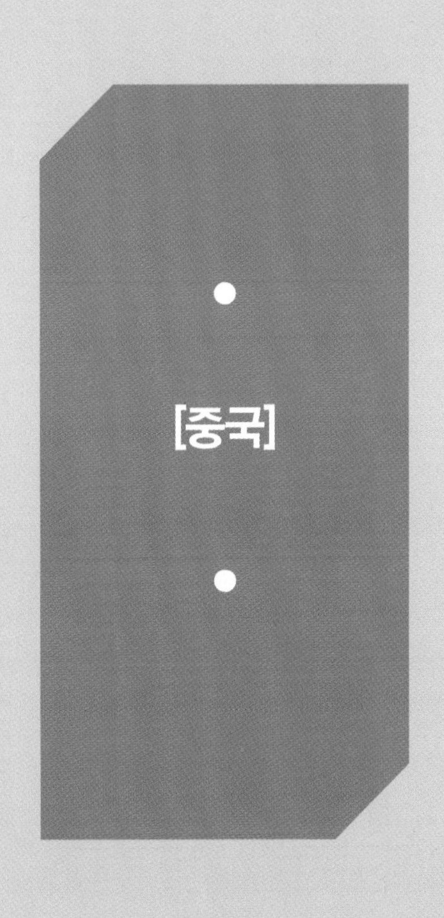
[중국]

1 중국인의 전통적 죽음관과 장례문화

고대 중국인들은 사후세계의 심판이나 환생보다는 사후에 육신을 벗어난 영혼으로 생을 연장하는 것을 믿었다. 그래서 먼저 죽은 조상신은 사후의 세상에서 영원한 안식과 생을 누리고 있다고 생각했다. 또한 인생은 육신이 살아가는 동안에만 유지되는 것이 아니라 죽은 뒤에도 영혼의 형태로 지속되기 때문에 삶과 죽음이 두 개의 분리된 세상이 아니라 연속된 것이라고 보았다. 중국인들에게 우리가 사는 곳은 두 개의 세계로 이루어져 있다. 현세와 내세, 산자들이 사는 이승과 죽은 자들이 살아가는 저승이 그것이다.

중국인들에게 상장례喪葬禮 의식은 망자를 위로하고 망자가 저승으로 가는 길이 순탄하기를 기원하며 좋은 세상에서 다시 환생하여 잘 살아가길 기원하는 의식이다. 따라서 중국에서는 상장례의식이 중요하게 생각되고 발달할 수밖에 없었다. 고대 중국에서는 다른 문명과 마찬가지로 왕족과 귀족의 상장례가 특히 발달하여 후한 상장 의식으로 망자를 위로하며 정성스럽게 장례를 치렀다. 묘에도 많은 부장품들을 넣어서 죽은 자가 사후세계에서 살아가는 데 도움을 주려고 했다. 또한 이렇게 융숭한 상장례 의식을 치름으로써 유가족들이 자신들의 안위安慰를 구하기도 했다.

중국인들은 '육체가 불멸한다'는 믿음도 가지고 있었다. 도교道教는 인간이 장생불사長生不死하는 능력의 신선이 되어 불사不死의 경지에 이르기를 도모한다. 장생불사하는 방법으로는 단약丹藥을 복용하는 외단법外丹法과 내단 수련을 중시하는 내단법內丹法이 중시되었다. 이런 몸의 변화는 일반인들은 도달하기 어려우며 수련을 많이 한 소수의 도사들만이 도달할 수 있는 경지였다. 신선설에 기원을 둔 외단법과 내단법은 12세기 금나라 때 도교를 개혁한 전진교全眞教가 설립되면서 사라졌고 장생불사의 의식도 쇠퇴하면서 오늘날 중국인들의 생사관으로 일반화되지는 못하였다.

중국인들은 유교에 기반을 둔 조상숭배와 효 사상의 깊은 전통을 가지고 있었다. 중국인들은 조상신이 자손을 보호한다고 생각하여 어느 가정에서나 조상 제사를 매우 중요하게 여겼다. 또한 기론氣論에 입각한 풍수지리 사상에 따라 묘를 만드는 장례도 대단히 중요시했다. 풍수지리에 따른 장묘문화는 한나라 때 동기감응설同氣感應說에 입각한 것인데, '동기감응'이란 기가 같으면 모든 사물들이 서로 감응을 일으킨다는 믿음이다. 사람도 몸이나 마음이 서로 같은 기운을 공유하면 같은 감응을 일으킨다고 보았기 때문에 부모의 유해가 동기同氣인 자손

중국에서는 죽으면 사후의 세상에서 영원한 안식과 생을 누린다고 생각했다. 그림은 1793년 영국의 대사관 직원이 그린 청나라 시대 장례 행렬.

에게 영향을 주는 것은 자연의 이치인 셈이다. 동기감응은 선조나 부모의 묘에서 발산되는 기운을 후손들이 받는 것으로 친자감응親子感應이라고도 하는데, 이는 돌아가신 조상의 유골은 묘지의 환경과 상태에 따라 좋거나 나쁜 기운을 발산하며 이 기운은 망자와 같은 인자를 지닌 후손들에게 영향을 미친다는 믿음으로 연결되었다. 기가 감응하면 조상의 기운(鬼)이 사람에게 복을 미친다고 믿었으며, 묘에서 나오는 이러한 기운의 영향을 발음發蔭 또는 발복發福이라고 불렀다. 따라서 중국인들에게 장사葬事는 조상의 생기生氣를 받는 것이며, 부모나 조상의 유골(本骸)이 생기를 얻으면 자식(遺體)이 음덕蔭德을 입는 것이었다. 중국인들은 죽은 사람을 북쪽에 매장했는데, 죽은 자들은 살던 집 아래에 있는 지하수에 계속 머물러 있고 그 가까이에 그들의 최종 목적지인 '황천黃泉'이 있다고 생각했다.

중국인의 믿음에 따르면 사람에게는 혼백이 있는데 죽게 되면 혼백은 서로 분리된다. 이때 혼은 하늘로 올라가고, 백은 땅으로 들어간다. 하늘로 올라간 혼은 성신오행星辰伍行의 신이 되거나 천제天帝의 좌우에 자리하며 백은 땅이나 황천에 거처하면서 자손들의 제사를 흠향歆饗하고 사람에게 화복禍福을 내린다. 이렇게 혼백의 관념이 있기에 중국인들은 사람의 죽음이 모든 것의 끝이라고 생각하지 않았다.

하지만 20세기 들어 중국이 사회주의 국가가 되면서 중국 공산당은 유물론 사상을 공식 사상으로 받아들였다. 또한 농토 보존 정책에 따라 시신의 매장을 금지하고 화장을 강제하였다. 1949년에 중화인민공화국을 건국한 모택동은 1956년, "전국의 무덤을 없애고 더 이상 무덤을 쓰지 말라"는 교시를 내렸다. '장묘문화혁명'이라 부를 수 있는 이런 변혁을 거친 뒤 중국인들은 대부분 묘를 쓰지 않게 되었다. 현재 중국인은 대부분 화장으로 시신을 처리하고 있으며 중국의 도시 주변에서 묘지를 찾아보기 힘들게 되었다. 등소평, 주은래, 호유방, 조자양 등 중국의 지도자들도 모두 화장으로 안치되었다.

2 중국의 다양한 장례문화

중국에 나타난 다양한 형태의 무덤은 '토장土葬' 즉 시신을 땅 속에 매장하는 장례 형식이 주를 이루었다. 그밖에도 시체를 공중에 노출시키거나 나무에 매다는 등 기괴한 형태의 장례 방식이 다양하게 존재하였고, 심지어 시체를 독수리에게 먹임으로써 위안을 받는 '천장'도 존재했다.

절벽에 관을 매다는 현관장

중국의 현관장懸棺葬은 약 3천 년 전 부터 시작되었다. '현관장'은' 관을 높은 곳에 매달이 장례하는 것으로 절벽에 주로 안치한다고 해서 애장崖葬, 배 모양으로 매달려 있다고 해서 선관장船棺葬이라고도 부른다. 이러한 매장 풍습은 고대 중국의 소수민족이 절벽이나 높은 곳의 동굴 속에 시체를 안장한 데서 유래되었다. 현관장은 중국 고대 상주商周 시대

관을 높은 곳에 매달아 장례하는 현관장은 고대 중국의 소수민족이 절벽이나 높은 곳에 있는 동굴 속에 시체를 안장한 데서 유래했다.

부터 명청明清 시대에 이르기까지 주로 중국의 남쪽 지방에서 유래하였는데, 지금의 사천성, 강서성, 대만성 등지에서 광범위하게 유행하면서 최근까지 이 풍속을 따르고 있는 지역도 있다. 사천성 남부의 의빈 지방에는 강이나 산을 끼고 있는 절벽이 많은데, 이 지역에는 수백구나 되는 현관의 유적들이 오늘날까지 보존되어 있다. 현관장은 나무관목이나 옹기를 재료로 쓰는 경우가 많다. 현관장으로 안장하기 위해서는 주로 절벽 위에 구멍을 뚫고 말뚝을 두세 개 박은 뒤 그 위에 관을 설치하거나, 암벽 위에 형성된 천연동굴이나 바위틈에 관을 넣어

놓는 방법을 사용한다.

나무 위에 안장하는 수장

'수장樹葬'은 나무위에 안장한다는 뜻으로 흔히 '풍장風葬', '임장林葬','괘장掛葬', '현공장懸空葬'이라고도 부른다.[16] 중국 북방에 사는 소수민족들이 관을 장지로 옮길 때는 무당들이 여러 가닥의 갈대풀로 만든 사람 인형을 묶는다. 그리고 죽은 사람의 딸들과 무당이 각자 갈대풀의 가닥 하나씩을 잡고 죽은 자를 위해 기도를 올린 뒤, 무당이 줄을 끊고 짚으로 만든 인형을 밖으로 내던진다. 이런 의식을 통해 죽은 자의 영혼이 짚 인형과 함께 멀리 떠나기를 기원하는 것이다. 출관 때에는 죽은 자와 그의 수장품을 감싼 버드나무 바자를 네 사람이 나눠서 든다. 장지에 도착하면 1미터 간격으로 서 있는 두 그루의 소나무를 고른 뒤 2미터 정도의 높이에서 베어 버린다. 이렇게 벤 나무 위에 횡목을 고정시킨 뒤 버드나무를 엮어 만든 바자를 횡목 위에 놓고 버드나무 가지로 덮는다. 보통 머리는 북쪽, 발은 남쪽을 향하게 하여 태양이 떠오르는 곳을 향하지 않도록 한다. 시체가 안치된 뒤에는 가족들도 다시 그곳을 찾지 않으며, 시체가 썩어서 자연적으로 풍화되기를 기다린다.

독수리에게 시체를 먹이는 천장

'천장'은 다른 용어로 신장神葬 또는 조장鳥葬이라고 한다. 천장의 풍속

---

16 한국외국어대학교 외국학출판연구센터, 『세계의 장례문화』, 한국외국어대학교 출판부, 2006.

은 중국의 티베트성, 청해성, 감숙성, 사천성, 운남성 등지에 흩어져 살던 티베트족이 오늘날까지 행하고 있는 독특한 장례 방식이다. '천장'이란 죽은 사람을 장지로 옮겨 독수리로 하여금 시체를 먹게 하는 풍습이다. 천장에서는 사람이 죽으면 가족들이 죽은 자의 옷을 벗기고 머리와 두 다리를 가죽으로 묶어서 시체를 앉은 자세로 한 뒤 머리로 무릎을 누르게 한다. 이 자세는 죽은 자가 인간 세상에 나왔을 때의 모습 그대로 다시 저세상으로 가라는 뜻이다. 그 뒤에 티베트족의 복장인 야크 등의 가죽포로 시체를 감싸고 밧줄로 맨 다음, 라마승을 불러 경문을 읽도록 한다. 경문을 읽는 라마승은 말 모양의 모자를 쓰고 검은 천으로 얼굴을 가리는데 이는 죽은 자로 하여금 산자의 눈을 보지 못하도록 하기 위해서다. 죽은 자를 위한 장례 일자는 라마승이 점을 쳐서 정한다. 보통 사망일로부터 사흘이나 닷새 뒤에 이루어지는 경우가 많고 7일을 넘기지 않는다. 출관 시간은 주로 동이 틀 무렵이다. 가족 중 남자들이 묶인 시체와 함께 돌과 흙을 가득담은 주머니를 엮어서 말위에 얹은 뒤 천장할 곳으로 출발하며, 친족이나 부녀자, 어린아이는 장례행렬에 참가하지 않는다. 천장은 사원에서 그리 멀지 않은 산허리나 언덕에서 주로 행한다.

티베트의 라싸시拉萨市에는 지금도 천장대가 존재한다. 천장 장지에 도착하면 먼저 바위 위의 평평한 곳에 시체를 올려놓는다. 천장 의식을 전문적으로 다루는 천장사가 시체를 감싼 옷 포대기를 벗기고 칼로 시체를 묶은 밧줄을 자른 다음, 시체의 머리카락을 잘라 산중 바위틈이나 절벽 아래 암석에 놓아두거나 신성한 아궁이 속에 던져 태운다. 죽은 자의 친속과 동료들은 짚더미를 만든 뒤 참파 가루(볶은 보리를 돌절구에 찧어 가루로 만든 티베트의 주식)와 청과주(고원에서 나는 야생 보리로 빚는 티베트의 전통주)를 뿌리고 불을 붙여 연기를 낸다. 이 의식을 '웨이샹'이라고 하는데, 하늘의 신이 향응하기를 기도함과 동시에 독수리들에게 신호를 보내기 위함이다. 연기가 피어오르면서 독특한 향내가 산골짜기로 천천히 퍼져나가면 절벽의 동굴에 살고 있던 독수리들이 냄새를 감지하고 날아오기 시작한다. 이때 라마승은 소리를 높여 경문을 외우고 죽은 자를 떠나보내는 기도를 올린다. 친속과 동료들도 함께 애절한 곡조로 경문을 읊으며 죽은 자를 애도하고 신성한 독수리가 죽은 자의 육체와 영혼을 서방세계로 데려다주길 기원한다.

죽은 자의 시체를 태우는 화장

'화장'은 '불로 죽은 자의 시체를 고스란히 태워서 재만 남기는' 장례의식이다. 화장은 토장과 더불어 가장 오래된 역사를 지닌 장례 풍속이다. 중국에서는 티베트족, 이족, 나시족, 라후족, 진미족, 창족 등의 소수민족들과 함께 한족들이 사는 일부 지방에서 널리 행하여졌다. 1949년 중화인민공화국 정권이 수립된 뒤로 정부는 지속적으로 화장을 장려해왔으며 오늘날 대부분의 중국 인민들이 화장으로 장례를 치르고 있다.

화장의 전통을 이어온 나시족은 준비된 화장터에서 화장을 한다. 화장을 하기 전에 먼저 잣나무 가지를 태우거나 각종 곡물을 혼합한 물을 머리에서 발끝까지 신체 부위마다 가볍게 바른다. 그 뒤에 은가루, 찻잎, 황주, 소금, 주사 등을 죽은 자의 입에다 넣은 다음 이마, 눈, 코, 입,

귀, 앞가슴, 팔과 다리에 소나 양의 젖을 바짝 졸여 만든 기름인 소유酥油를 바른다. 이 의식은 죽은 자가 저세상에 가서도 잘 먹고 잘 마시라는 뜻이다. 그런 다음 삼베를 이용해 시체를 웅크려 앉은 자세로 묶는데, 무릎이 시체의 앞가슴에 닿을 정도로 두 다리를 구부려 발바닥과 무릎을 한데 묶고 다시 삼베나 흰 천을 이용하여 머리끝에서 발끝까지 시신이 드러나지 않도록 몸 전체를 두른다. 이 의식이 끝나면 제사를 드린다. 망자가 사망한 지 49일이 지나기 전에 날을 잡아 화장을 하게 된다. 화장터에서는 소나무를 삼각형이나 우물 정(井)자 모양으로 쌓아올려 화장대를 만드는데, 가장 많은 것은 우물정자 모양이다. 안치하는 방향은 생전에 조상들이 거주 했던 방향에 맞추어 시체의 머리와 다리 방향을 정한다. 죽어서도 조상이 살던 곳으로 돌아가라는 의미이다. 이 과정이 끝나면 승려들은 경문을 외기 시작하고 그중 한 명의 승려는 횃불을 들고 화장대 앞에서 서서 경문을 외운다. 다음엔 시체의 동서남북 방향에 위치하여 네 명의 남자가 아직 점화되지 않은 관솔을 들고 동쪽부터 순서대로 걸어 나와 승려의 주위를 세 번씩 돌고, 네 지점에서 동시에 화장대에 불을 붙인다. 불길이 일면 횃불을 들고 있던 승려는 불을 향해 소유나 호두나무 기름을 뿌리면서 점화를 돕는다. 불길이 일면 승려들은 일제히 경문을 외우고, 시간이 지나면 화장 의식은 끝나게 된다.

한족의 전통적인 장례 토장

중국의 수많은 장례문화 중에서 토장이 가장 오래된 역사를 가지고 있다. 토장은 약 6천 년 전부터 이미 풍속으로 행해져 왔고, 형식을 갖추기 시작한 것은 고대 은주시대殷周時代 이후이다. 토장은 매장을 특징으로 하기 때문에 시체를 매장한 무덤이 남게 된다. 중국인들은 죽은 자가 저세상에 가서도 살아있을 때처럼 평안하게 살기를 염원하며 흙으로 만든 무덤을 만들었다. 중국의 전통 의례는 길례吉禮, 흉례凶禮, 빈례賓禮, 군례軍禮, 가례嘉禮 등의 오례가 있다.

3 현대 중국의 장례문화

중국 장례문화의 변천

장례葬禮는 상장례喪葬禮를 줄인 말로, 상례喪禮와 장례葬禮로 이루어진다. 상례는 사람이 죽고 난 뒤 상중喪中에 행하는 모든 의례이고, 시신 처리뿐 아니라 장례 후의 의식 등 모든 절차를 포함한다. 장례는 상례의 일부분으로 시신을 처리하는 장사葬事 의식이다.

중국은 과거뿐만 아니라 오늘날에도 한국과 상당히 비슷한 장례문화를 가지고 있다. 중국 장례문화는 국토가 넓고 소수민족도 많아서 민족과 지역에 따라 다양한 장례의식이 있지만, 시신 처리 방법은 시신을 땅 속에 묻는 매장埋葬과 불에 태우는 화장火葬이 일반적이다.

오늘날 중국의 장례 방법은 크게 변화하고 있다. 주검 처리로는 매장이 급감하고 화장이 급증했다. 모택동이 1956년에 매장을 금지하고 화장을 강력하게 장려하여 장묘문화의 혁명이 일어났기 때문이다. 매장 금지는 삼림을 보존하고 토지의 묘지 전용을 막아 경작지 감소를 막기 위한 정책이다. 현재 대도시에서는 90% 이상이 화장을 행하고 있다. 농촌 지역에는 아직 시설이 부족하여 매장이 많이 시행되고 있다.

도시에서는 생활환경의 변화로 장례의식도 점점 간소화되고 있다. 도시형 장의葬儀 시설이 일반화되면서 장례의식이 간소하게 변화하고 있다. 과거에 중국의 장례의식은 한국과 마찬가지로 유교 제례문화를 바탕으로 장례와 제례에 정성을 다하는 효 문화로 인하여 절차가 복잡하고 기간도 길었다. 그러나 오늘날 장례의식은 대단히 간소해졌다. 최근엔 한국처럼 전문 장례식장이 늘어나 장례 절차를 대행하고, 일반인들은 대부분 장례식장에서 상례를 치른다.

중국은 공영 시설인 화장장에서 장례의 전 과정을 진행한다. 장례식을 중국에서는 빈의殯儀라고 하며, 장례식장을 빈의관殯儀館이라고 한다. 장례식장은 화장장과 납골당을 통합한 장례 시설이다. 빈의관은 건물만 있는 것이 아니라 공원 같은 분위기로 조성한다. 현재 중국의 각 도시에는 빈의관이 크게 증가하고 있고 일반 시민은 장례식을 빈의관에서 치르는 것이 일반화되었다. 사람이 사망하면 곧바로 공안 파출소에 사망신고서를 제출하고 시신은 빈의관으로 이송하여 안치한다.

장례 방식은 보통 3일장을 치르며 경우에 따라 7일 동안 하는 경우도 있다. 고인이 사망한 지 3일째 되는 아침에 장례식을 치른다. 상주는 흰색 상복을 입고 왼팔에 '孝효' 자를 새긴 띠를 찬다. 상주들은 고인과의 근친 정도에 따라 정식 상복, 두건 대용 삼베 머리띠, 일상복 위에 입는 흰색 옷 등을 다양하게 입는다. 유족은 보통 검은색 옷을 입는다. 중국 사람들은 장례식에 친분이 깊지 않은 사람은 초대하지 않으며 친척과 가까운 지인만 초대한다. 외국인은 보통 장례식에 부르지 않는다. 중국 장례식장에는 조문객이 고인의 영정에 절을 하는 빈소殯所가 없다.

장례식은 망자가 사망하고 3일 뒤 빈의관에서 추도회 형식으로 진행한다. 유족은 빈의관 담당자와 상의하여 장례 절차를 정한다. 빈의관에는 고별식장이 마련되어 있어 이 고별식장에서 추도회를 진행한다. 장례식 진행은 빈의관 직원이 맡고, 추도식은 간소하게 진행한다. 80세가 넘어서 사망하는 희상喜喪(한국의 호상好喪과 같은 뜻)의 경우에는 악단을 불러 음악을 연주하며 빈의관 안을 돌기도 한다. 추도회 전에는 가족들이 참여한 가운데 염을 하고 입관한다. 추도회는 초대받은 조문객이 참석한 가운데 거행하며 조문객의 묵념, 생애와 업적 소개, 작별인사 순으로 진행한다.

추도식이 시작되면 가족과 참석자들이 조화弔花를 올린 다음 고인을 모신 관을 장례식장으로 들여와 식장 중앙에 모신다. 추도식 때는 모두 기립하여 애가哀歌 연주를 하는 가운데 상주가 헌화하고 제문을 읽은 뒤 관을 향해 세 번 절하고 내빈에게 한 번 절한다. 조문객은 장례 진행자의 안내로 관을 향해 한꺼번에 세 번 절을 한다. 절을 하고 나면 조문객 대표가 고인의 생전 이야기를 간단하게 회고하는 조사弔辭를 한다. 조사는 주로 고인과 가까운 지인이 하고 이어서 상주가 조문객에게 감사를 전하는 답사를 한다. 조사와 답사가 끝나면 가족과 친인척 등의 참석자가 차례로 뚜껑을 열어둔 관 앞에서 고인에게 세 번 절하고 시계 반대 방향으로 시신을 한 바퀴 돈다. 조문객들도 그렇게 망자와 마지막

인사를 나누고 관 왼쪽에 서 있는 유족에게 위로의 말을 전하고 제자리로 돌아간다. 참석한 사람들이 장례식장이 제공한 모조 지폐, 접은 은박지, 조화를 관에 모두 넣은 뒤에는 관 뚜껑을 닫고 상주 4명이 관의 네 모서리에 못을 박는다.

고별식장에서 추도회를 치른 뒤에는 시신을 화장장으로 이송하여 화장한다. 화장은 빈의관에서 한다. 장례식 진행자가 관을 밀고 밖으로 나가면 상주와 참석자들이 뒤를 따른다. 밖에는 영구차가 대기하고, 관을 실은 영구차는 화장장으로 간다. 장례식을 끝낸 상주와 조문객은 빈의관 안에 있는 식당에서 식사를 한다. 중국의 장례식장 식당은 일반 식당과 같다. 그리고 유족은 조문객에게 기념품을 나눠준다. 화장한 뒤 3일~15일이 지난 뒤에 납골당이나 장지를 선택한다.

농촌에서는 망자의 임종 때 가족들이 자리를 지키고, 숨이 멎으면 가족과 친척이 곡을 한다. 집안사람들은 은박지나 종이로 가짜 종이돈을 만든다. 이 가짜 돈은 망자에게 주는 노잣돈으로, 불에 태워 저승으로 함께 보내기 위한 것이다. 한편에서는 망자의 명복을 빌기 위해 슬프게 곡을 한다. 망자에게 예를 표하는 절은 하지 않는다. 조문객은 집에서 받으며, 조문을 받는 가족들은 집안에서 곡을 하고 조문 온 사람들에게 절을 하여 감사를 표한다.

조문객은 상주에게 조의금(부의금)을 전달한다. 조의금과 함께 장미나 국화로 만든 화려한 화환을 보내기도 한다. 조의금은 결혼식이나 춘제(설), 개업식 때 등과 같이 홍파오(빨간색 봉투)에 담아서 전달한다. 조의금을 짝수로 내면 흉하다고 믿기 때문에 501원, 1001원처럼 홀수로 맞춰 내기도 한다. 이때 상주는 조의금의 절반 이상을 조문객에게 다시 되돌려 주기도 한다.

많은 중국인들이 애경사가 있으면 폭죽을 터뜨린다. 성묘를 할 때에도 폭죽을 터뜨리고 장례 때에도 폭죽을 터뜨리는데, 그 이유는 폭죽이 잡귀들을 물리친다고 믿으며 죽음을 생의 끝이 아니라 저승에서 또 다른 삶을 시작하는 것이라고 여기기 때문이다. 최근 중국에는 공원묘지가 크게 증가하고 있다. 매장을 금지하여 화장으로 치르는 장례가 많아졌지만 도시와 달리 농촌 지역은 아직도 매장을 선호하는 편이다.

요즘은 일반적으로 장례식의 전 과정을 화장장에서 진행한다. 사람이 사망하면 가족은 화장장에 연락하여 운구차로 시신을 운반한다. 시신을 염하고 입관식을 치르면 입관한 시신은 고별실로 옮겨지고 그곳에서 장례식을 치른다. 장례식 뒤에는 곧바로 화장한다. 유골은 함에 넣어 3일 동안 화장장에 보관한 뒤 납골당으로 옮긴다.

중국인들의 묘지

팔보산은 중국정부의 화장정책으로 형성된 현대 중국의 대표적인 화장장으로 북경시 서북부 지역에 있다. 팔보산은 북경시에서 지하철로 30분 거리에 있으며, 1958년에 만들었다. 북경 사람들은 팔보산 하면 먼저 공동묘지를 떠올릴 정도로 중국의 대표적인 공동묘지다.

팔보산에는 명나라 때 창건한 포충호국사褒忠護國寺 등의 많은 명승지가 있다. 일본 침략 시기에는 일본이 전사한 일본군을 위해 이곳에 충령탑忠靈塔을 세웠다. 1946년에는 중국국민당이 항일전쟁에서 전사한 장자충張自忠 등 38명의 국민당 장교를 기념해 이곳을 충렬사忠烈祠로 개축했다. 인민공화국 수립 뒤에는 팔보산 혁명공동묘지, 팔보산 제2공동

팔보산에 있는 혁명공묘(위)와 인민공묘(아래) 입구. 팔보산에는 화장장과 납골당, 가족묘 등이 밀집해 있다.

묘지, 베이징 서교 장례식장 등이 이곳에 세워졌다.

이곳에 포함된 시설로는 혁명공묘와 인민공묘, 북경시에서 가장 큰 화장장인 빈장관, 노산골회당 등이 있다. 팔보산 혁명공묘는 유골을 보관하는 방이 29개가 있으며, 국가영도자나 고위 간부의 유해를 보관하고 있다. 팔보산 빈장관에서 화장한 시신은 당원과 군 지도자 등 60여만 기에 달한다고 한다.

만안공묘

만안공묘는 북경시 빈장관리처가 관리하고 있으며 납골당과 납골묘지를 갖추고 있다. 화장로는 14대가 설치되어 있다. 1958년부터 운영돼 현재 6만여 기의 시신이 안치되어 있다. 팔보산 빈장관에서 화장한 유골은 따로 마련된 유골함에 담아 노산골회당으로 옮긴다. 주은래가 이름을 지었다는 노산골회당에 모셔진 함의 안치 기간은 3년이다. 그 뒤에는 유가족이 회수하여 집에 모시거나 공묘에 평장한다.

묘는 서너 종류의 일정한 크기의 비석과 상석으로 이뤄져 있는데 비석에는 부부의 이름을 새긴다. 사망한 사람의 이름은 붉은 색으로 쓴다. 생존했던 배필이 나중에 사망하면 묘에 합장한다. 북경시에는 팔보산 빈장관 외에도 귀왕 화장장, 서부 화장장 등 구역마다 비슷한 규모의 화장장이 설치돼 있다. 농촌이나 산촌에서는 여전히 매장을 하는 곳도 있다.

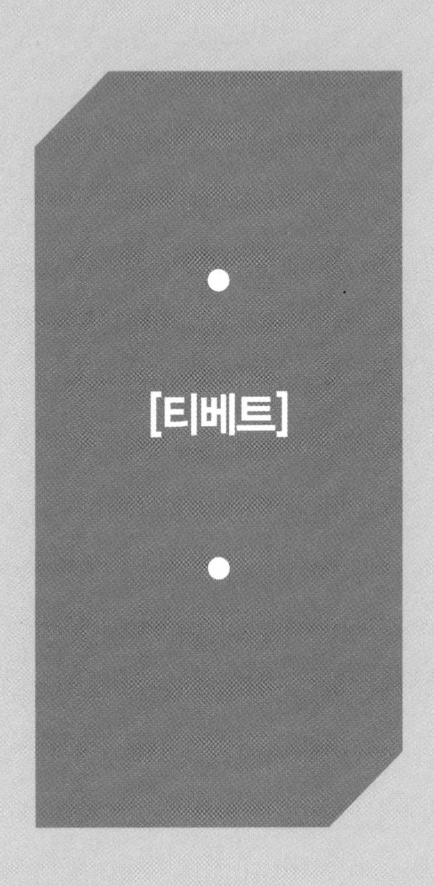

[티베트]

1 윤회와 환생의 죽음관

우리가 사는 이 세상에는 죽음을 매우 독특하게 인식하고 받아들이는 민족들이 많다. 그중에서 중앙아시아 티베트 고원에서 수천 년 동안 살고 있는 티베트인들은 죽음에 대한 자신만의 종교적 경전과 천장天葬이라는 독특한 장례 전통을 오늘날까지 계승하고 있다. 티베트 사람들이 죽음에 대한 인식과 전통을 그대로 유지하고 계승할 수 있던 배경으로는 지리적 요인과 종교적 요인을 들을 수 있다.

첫 번째, 지리적 배경으로 티베트 고원의 차갑고 건조한 기후와 척박한 환경을 꼽을 수 있다. 티베트는 중국과 인도 사이에 위치해 있으나 히말라야 산맥과 티베트 고원에 둘러싸여 그동안 외부세계와 차단된 채 공간적 폐쇄성을 유지할 수 있었다. 히말라야 산맥 북쪽에 위치하여 평균 고도가 4,900m나 되는 높은 고원에 자리한 티베트의 지리적 환경은 이 지역 사람들이 문화적 고유성을 확보하고 죽음에 대한 이론적 경전과 집단적 경험을 수천 년 이상 보존하고 전승할 수 있었던 요인이기도 하다.

황량한 고원지대에서 사는 티베트인들은 이러한 지리적 영향 때문에 자연을 두려워하는 동시에 성스러운 숭배의 대상으로 생각한다. 광활하고 삭막한 지형과 원초적인 생존환경 속에서 사람의 힘으로 예측할 수 없는 날씨와 자연재해 등을 경험하며 자연에 대한 두려움을 갖게 되었기 때문이다. 험준한 산과 예측할 수 없는 기후변화 속에서 살아온 그들에게 자연은 절대적 권위를 가진 존재이다. 건조하고 바람이 많은 고원에서 날씨는 하루에도 시시각각으로 변한다. 자연이 움직이며 순환하는 것을 매일 확인하며 살아가는 사람들은 자연에 순응하며 살아가는 법을 배우게 된다. 아침에 해가 뜨면 일어나 자연 속에서 움직이고 일하다가 저녁에 해가 지면 집으로 들어와 잠을 잔다. 야크를 키우고, 야크의 젖을 짜서 끓여 먹으며, 말린 야크 똥을 주워서 난방용 땔감으로 사용한다. 고도가 높다 보니 호흡하며 마실 수 있는 산소의 양도 우리가 마시는 공기의 60%밖에 되지 않는다. 그래서 그들은 결핍 속에서 자연의 소중함을 알기에 기도를 한다.

두 번째로 종교적 배경이 있다. 티베트의 척박한 환경 속에서 생존하기 위해 샤머니즘적 성격이 강한 본교本教가 만들어졌고, 이것이 인도에서 넘어온 불교와 합해져 독특한 티베트 불교로 정착했다. 티베트 민족은 고대부터 '영혼불멸'이라는 독특한 사유체계를 가지고 있었다. 티베트 불교는 특히 '윤회'와 '환생'을 중요시한다. 그들은 인간의 육신과 영혼이 분리되어 있다는 이원론적 사고체계를 가지고 있으며, 인간의 호흡이 멈추면 주술사가 일정 시간 안에 시신에서 영혼을 분리하여 살아 움직이는 다른 생명체에 전송해야 한다고 믿는다. 이런 영혼의식과 죽음관은 '천장'이라는 전통 장례로 이어졌다. 천장을 통해 껍데기에 불과한 인간의 육신을 독수리에게 보시하여 하늘로 보내면 인간의 영혼이 다른 생명체로 환생할 수 있다고 믿기 때문이다.

이러한 종교관은 생활과도 밀접하게 연결된다. 말로 기도하는 데 그치지 않고 온몸으로 오체투지伍體投地를 한다. 오체투지는 몸으로 하는 기도로, 머리, 팔, 가슴, 배, 다리의 오체를 땅에 닿게 하여 부처나 상대를 받드는 의식으로, 접족례接足禮에서 유래했다. 자신을 낮추어 몸과 마음 속 교만을 떨쳐버리고 하심下心의 의미를 되새기는 티베트인들의 오랜 기도법이다. 몸과 마음을 바닥에 내려놓고 욕심을 부린 것에 대해 용서를 비는 것이다. 티베트인들은 이렇게 오체투지를 통해 지난 잘못에 대해 용서를 구하고 선업을 쌓으려 노력한다. 자신의 몸을 땅바닥에 거침없이 내던지며 오체투지를 행하는 티베트인들의 간절함과 경건함은 종교적 목적에 일치하는 삶을 보여준다.

그들은 기도를 위해 중얼거리듯 "옴 마니 밧메 훔"이라는 경전을 외운다. 여기서 옴은 우주, 마니는 지혜, 반메는 자비, 훔은 마음이다. 즉 "우주의 지혜와 자비가 마음에 깃들기를 바란다"는 뜻이다. 이를 '육자진언六字眞言'이라고 하는데, "옴 마니 밧메 훔"을 이렇게 입속말로 외우면 부정적인 생각들로부터 자신을 보호하고 마음의 평안을 얻을 수 있다고 한다.

티베트인들 중에는 글을 모르는 사람들이 많지만 그들은 틈만 나면 경전이 적혀 있는 어린아이 장난감 같은 마니차를 손으로 돌린다. 글자를 읽지 못해도 마니차를 한번 돌리면 경전을 한번 읽는 것과 같은 효과가 나타난다고 믿기 때문이다. 그들의 삶과 심성 속에 스며든 종교적 경건함을 엿볼 수 있다. '마니차'를 돌리면서 자신의 죄를 뉘우치고 '옴 마니 밧메 훔'을 외며 환생을 기도하는 티베트인들은 언제 죽음이 닥쳐오더라도 이를 쉽게 받아들일 수 있는 마음의 준비를 하고 있는 것이다. 이렇게 그들은 늘 자신을 반성하며 타인을 위해 기도하고 환생을 위해 기도한다.

불교의 윤회사상에서 인간의 육체는 지地, 수水, 화火, 풍風으로 이루어져 있기 때문에 죽음과 함께 흩어지며, 영혼은 인과응보의 카르마에 따라 다른 곳에서 다시 태어난다고 티베트인들은 믿는다. 카르마의 원리는 모두에게 공평하게 적용되고, 살아생전 언행의 결과로 반드시 응보가 따른다. 지금 하는 모든 언행은 이렇게 죽음의 순간에도 적용되어 환생에 영향을 끼친다. 그런 면에서 삶 속에서 일어나는 모든 일들엔 우연한 것이 없으며 스스로가 만들어놓은 결과이다. 사람들이 선행을 많이 쌓고 사원에 모든 재산을 아낌없이 후원하려 하는 것도 이 때문이다.

티베트인들에게 불교 사원은 집안의 어려운 일이나 개인적인 아픔이 있을 때 늘 찾아가서 명상하고 오체투지하며 마음의 안정을 얻는 곳이다. 티베트 사원은 출가한 스님과 라마승의 전유물이 아니며 일반인들도 수행을 통해 공부를 하는 곳이기에 학교와도 같다. 이들은 이론과 함께 몸의 수행과 체험을 통해 죽음의 연속성에 대해 배운다. 인간은 의식체로서 끝없이 이어진다. 죽음 뒤에도 다시 태어나 윤회를 거듭하는 것이다. 그래서 사람들은 환생의 방법 등을 포함한 죽음의 문제에 대해 끊임없이 배우고 깨닫는다.

라마승들은 일반인들에게 죽음의 안내자 역할을 한다. 죽음과 그 과정에 대한 수행과 깨달음은 라마승들에게 가장 중요한 공부다. 티베트인들이 죽음을 맞이할 때 라마승은 머리맡에 앉아 경전을 읽으며 망자가 새로운 세계를 잘 찾아갈 수 있도록 안내한다.

현대인들의 사고로는 이러한 환생을 객관적으로 증명하기 어렵다. 하지만 티베트인들에게는 환생을 나름대로 합리적으로 입증하는 방법이 있다. 달라이 라마 같은 활불活佛, 즉 살아있는 부처를 확인하는 방식이 수천 년 동안 이어져 내려오고 있다. 보통 사람들은 자신이 어디에서 환생하여 태어날지 알지 못한다. 하지만 깨달음의 경지에 이른 사람은 가장 아끼는 제자의 꿈을 빌려 자신이 죽어 다시 태어날 곳을 암시한다. 꿈을 꾼 제자는 꿈속에서 제시한 장소로 찾아가서 스승이 환생한 아이를 발견한다. 이런 예지의 전통은 먼저 깨달은 스승의 지혜를 잊어버리지 않고 잘 계승하자는 목적에서 비롯된 것으로 볼 수 있다.

2 티베트 사자의 서

죽음을 배우면 삶을 알게 된다. 죽음은 삶의 동반자이며, 사람은 항상 죽음에 한 발짝씩 다가가며 삶을 영위한다. 죽음은 누구에게나 차별 없이 찾아온다. 따라서 죽음을 두려워하거나 불안해하며 수동적으로 기다리기보다는 평안한 마음으로 살아가며 죽음을 인지하고 준비해야 한다. 평온한 죽음을 준비하는 일은 삶의 매 순간을 더욱 의미있게 만드는 열쇠이다. '사자死者의 서書'는 생사의 비밀을 알려주는 티베트 불교의 경전이다.[17] 이 책은 한마디로 죽음에 이른 사람과 이를 지켜보는 가족들을 인도하고 도와주는 '죽음 안내서'이다. 티베트인은 죽

---

17 고대 이집트에도 '사자의 서(Book of the Dead)'가 있었다. 고대 이집트인들은 자연의 무한한 순환을 인간의 탄생과 죽음에도 적용하여 죽은 뒤에도 또 다른 삶이 펼쳐질 것이라고 보았다. 이집트인들은 사후세계와 영혼을 확신했고 죽음을 넘어서 인간의 삶이 영원히 계속될 수 있다고 보았으며, 사후세계의 안내서인 '사자의 서'를 죽은 사람의 관 속에 미라와 함께 넣었다.

음을 삶의 완성이자 깨달음의 도약대로 이해한다. 그들은 사람이 죽으면 49일 동안의 시험기간을 지나 윤회를 하거나 해탈한다고 믿는다. 이때 망자의 영혼은 스님이나 가족이 읽어 주는 '사자의 서'를 들으며 길을 따라가고 깨달음에 다다를 수가 있다. 따라서 죽음은 '깨달음'을 얻을 수 있는 기회이기도 하다. 사람이 삶의 마지막에 도달하는 곳은 생사生死가 아닌 열반涅槃이다. 누구든 삶의 끝에 이르러야 두 가지 길을 갈 수 있다.

'사자의 서'는 망자의 영을 도와 해탈의 길로 나아갈 수 있게 해주는 사후 안내서다. 이 책을 지은 파드마 삼바바는 티베트 불교의 대성인이다. 8세기 인도 우디야나란 나라의 왕자로 태어나 어린 나이에 출가하

티베트 사람들은 티베트 사자의 서를 지은 파드마 삼바바를 제2의 붓다라 칭하며 부처님의 환생으로 받든다. 사진은 파드마 삼바바 불상.

였고, 전통 불교를 전수받아 미안마와 아프가니스탄 등지로 다니며 수행했다. 이후 티베트의 티송데첸 왕의 요청으로 다시 티베트로 돌아왔다. 티베트 사람들은 티베트 밀교密教 역사상 최고의 승려로 평가받는 그를 제2의 붓다라 칭한다. 파드마 삼바바가 남긴 경전 중 가장 잘 알려진 것이 '사자의 서'이다. 이 경전은 14세기에 발굴되어 티베트 일대에 전파되었고, 1920년대에 옥스퍼드대학교 교수 에반스 웬츠Walter Evans-Wentz가 서구 사회에 알리며 큰 반향을 일으켰다.

이 경전의 저자인 파드마 삼바바는 죽음과 환생의 중간지대인 '중음中陰'에 다녀온 뒤 죽음의 과정과 사후세계의 모습을 상세히 기록했다. '중음'은 티베트어로 '바르도bardo'라고 한다. 죽음 과정 에서 의식이 육체를 이탈하는 것을 말하며, 의식이 육체를 버리거나 허공에 걸려 있는 상태와도 같다.

인간의 모든 생각과 행위를 업業(카르마)이라고 한다. 선업善業에는 즐거운 과보를 낳는 힘이 있고 악업惡業에는 나쁜 결과를 낳는 힘이 있다. 선업은 임종에 이른 사람을 도와 해탈에 이르게 하며 악업은 해탈과 성불을 가로막는다. 이 기간에 망자의 영혼은 해탈하거나 윤회의 업 속으로 빠져든다.

사람이 죽음에 이르면 망자의 영은 중음 세계에서 미망의 세계에 이르러 극도로 낯선 환경 속에 초조함과 공포를 느끼며 헤맨다. 이때 '사자의 서'를 읽어주면 망자의 영은 죽음의 과정을 평온히 지나고, 육체가 무너지는 두려운 경계를 편안히 넘어가며, 깨달음을 얻어 해탈에 이르는 데 도움이 된다.

"아, 고귀하게 태어난 아무개여. 그대가 존재의 근원으로 돌아가는 길을 찾을 순간이 다가왔다. 그대의 호흡이 멈추려 하고 있다. 그대는 한때 그대의 영적 스승으로부터 존재의 근원에서 비치는 투명한 빛에 대해 배웠다. 이제 그대는 사후세계의 첫 번째 단계에서 그 근원의 빛을 체험하려 하고 있다. 그대여, 이 순간에 모든 것은 구름 없는 텅 빈 하늘과 같고, 아무것도 걸치지 않은 티 없이 맑은 그대의 마음은 중심도 둘레도 없는 투명한 허공과 같다. 이 순간 그대는 그대 자신의 참나를 알라. 그리고 그 빛 속에 머물러 있으라. 이 순간 나 역시 그대를 인도하리라."[18]

낭독자는 임종을 맞은 이가 호흡이 완전히 멎기 직전까지 귀에 대고 이 글을 여러 번 읽어주어 마음속에 깊이 새기도록 한다. 이 글귀를 읽어줌으로써 임종하는 이가 죽음의 현상들을 순서에 따라 생생하게 깨닫도록 해줘야 한다.

"이제 흙이 물 속으로 가라앉고, 물은 불 속으로 가라앉고, 불은 공기 속으로 가라앉고, 공기는 의식 속으로 가라앉는 죽음의 현상이 나타나고 있다."[19]

낭독자는 이 문장을 반복해 읽어준 뒤, 죽음의 모든 현상이 끝나는

---

18 파드마 삼바바 지음, 라마카지다와삼둡 번역, 에반스 웬츠 편집, 류시화 옮김, 『티베트 사자의 서』, 정신세계사, p241

19 앞의 책 p245

시점에 이르면 망자의 귀에 대고 이렇게 말한다.

> "아, 고귀하게 태어난 자여, 그대의 마음이 흩어지지 않도록 의식을 집중하라."

> "아, 고귀하게 태어난 자여, 죽음이라 불리는 것이 이제 그대에게 다가왔다. 그러니 이와 같이 결심하라. 아, 지금은 죽음의 때로다. 나는 이 죽음을 이용해 허공처럼 많은 생명 가진 모든 것들에게 사랑과 자비의 마음을 가지리라. 그리고 그들을 위해 깨달음을 얻기 위해 노력하리라."[20]

이렇게 49일 동안 죽는 자가 죽음을 인식하고 받아들여 환생할 수 있도록 계속 이끌어준다. 이 가르침을 읽어줄 때 사자의 영적인 수련 정도에 따라서 도달하는 세계가 달라진다. 이해력이 뛰어난 구도자들은 죽음의 순간에 곧바로 의식체가 바뀔 수 있다.

---

20 앞의 책 P246

3 천장

티베트의 전통 장례葬禮는 불교의 영향을 받았다. 이들의 장례의식에는 윤회사상을 깊이 믿고 따르는 티베트의 정신문화가 담겨 있다. 인류가 행해온 장례로 크게 천장天葬(조장鳥葬), 수장水葬, 화장火葬, 토장土葬, 탑장塔葬, 수장樹葬의 여섯 가지를 든다. 티베트에서는 인간의 몸이 물, 불, 공기, 흙 등의 원소로 구성되어 있다고 본다. 사람이 죽으면 시신은 가급적 빨리 이 원소로 되돌아가야 한다. 이때 화장은 시신을 불의 원소로 돌아가게 하는 것이다. 매장은 시신을 흙의 원소로 되돌리는 것이고, 수장은 물의 원소로, 풍장은 공기의 원소로 되돌리는 것이다.

탑장塔葬은 영탑장靈塔葬이라고도 한다. 달라이 라마나 판첸 라마 같은 활불이나 고승 등 극소수의 사람에게만 행하는 장례 방법이다. 탑장을 치르려면 시신屍身을 소금물로 깨끗이 씻고 티베트 고원의 건조한 바람에 말려야 한다. 그리고 귀한 향료를 몸에 칠하여 미라로 만들어 영탑靈塔 안에 안치한다. 시체를 화장하고 남은 뼈를 탑 안에 모셔두기도 한다. 티베트에서 화장火葬은 부귀한 집안이나 고승高僧들이 주로 행하는 장례 방식이다. 티베트에서는 나무 연료를 구하기 힘들어 화장에 비용이 많이 들기 때문이다. 화장 방법은 시신을 깨끗이 씻고 장작 위에 올려놓은 뒤 시신을 불태우며, 불에 타고 남은 뼛가루는 높은 산이나 강에 뿌려 바람에 날려 보내거나 물에 흘려보내는 것이다.

티베트에서 토장土葬은 가장 불명예스러운 장례 방법이다. 티베트에서는 전염병, 임질, 천연두에 걸린 사람이나 살인범이 죽은 뒤에도 다시 태어나지 못하게 토장하도록 법으로 규정되어 있다. 시신은 외진 산기슭에 구덩이를 파고 일정한 장례 절차 없이 매장해 버린다. 땅속에 묻음으로써 병균이 올라오지 못하도록 하기 위해서다.

티베트인들이 가장 많이 행하는 장례 방법은 천장天葬이나 수장水葬이다. 그중에서 하늘에 장사를 지낸다는 뜻의 천장天葬은 티베트에서 가장 보편적인 장례 방법이다. 새가 죽은 사람의 영혼을 하늘로 보낸다 하여 조장鳥葬이라고도 한다. 고원지대의 춥고 건조한 땅에서 매장은 쉽지 않고 화장하기에는 나무가 부족한 자연 환경과 불교의 영향이 만들어낸 장례 방식이 바로 천장이다. 천장은 시신을 해부하여 독수리에게 던져주는 것인데, 죽어서 자기 몸을 다른 동물의 먹이로 주는 것이 살아서 진 빚을 조금이라도 갚는 보시의 방법이라고 생각하여 널리 행해지게 되었다. 여기서 독수리는 인육과 함께 죽은 자의 영혼까지 삼켜서 다시 태어날 윤회의 장소로 데려다 주는 매개체다. 현대인의 시선으로

천장터

는 다소 잔혹한 장면일 수도 있지만, 티베트 사람들은 숙연함과 경건함을 가지고 이 천장 의식을 거행한다.

천장에 꼭 필요한 세 가지 요소는 천장터, 천장사, 독수리이다. 천장터는 천장 의식을 치르도록 정해진 공간으로, 신과 인간이 교접하는 성스러운 장소로도 여겨진다. 보통은 불교 사원에서 멀지 않은 산언덕에 위치한다. 바람이 불어 위생관리를 할 수 있고 대자연의 정기를 흡수하는 명당을 천장터로 택한다. 천장 의식을 거행할 때엔 일반인들의 접근이 금지된다. 이곳은 종교적으로 삶과 죽음이 교차하는 성스러운 장소이기 때문이다. 시체의 해부는 사원에서 지정한 담당 천장사가 진행한다. 천장사 자격은 죽음에 대한 성찰과 시체 처리에 대한 전문성을 지닌 사람에게 주어진다. 천장사는 장례가 없는 날은 대부분 사원에서 수행을 하며 지낸다. 시신을 해부하는 일을 맡았기에 사람 몸의 구조와 기능, 영혼과 몸의 관계, 생명과 죽음 등에 관한 티베트 의학을 열심히 공부해야 한다. 시신 해부 작업이 끝나면 천장사는 망자의 식구들과 독수리에게 신호를 보내고, 독수리들은 신호에 따라 시체에 붙어 있는 살을 발라 먹는다. 천장사는 시신을 끝까지 해부해야 하며 독수리들이 다 먹을 때까지 자리를 지킨다. 의식을 행할 때 얼굴에 희로애락의 표정을 보여서는 안 된다.[21] 유족들에게 수고비를 요구하지 않으며 의식이 끝난 뒤엔 식사 대접에만 응한다. 독수리는 소화력이 좋고 수천 미터 상공을 날아다니며 배설을 하는데, 배설 장소는 곧 사자가 환생할 장소를 의미한다. 티베트의 원시종교인 본교도 독수리를 천신으로 숭상했다. 독수리는 죽을 때에도 높이 올라가서 사람들에게 모습을 결코 보이지 않는다고 하여 '영혼의 새'로 불린다.

천장 의식은 다른 나라 사람들에겐 충격적으로 보일지 모르지만, 사람 또한 자연에서 와서 자연으로 돌아간다고 믿는 티베트 사람들에겐 자연스런 죽음의 처리 방식이다. 이들에겐 영혼이 중요할 뿐 영혼이 떠난 육신은 별 의미가 없기 때문이다.

---

21 심혁주, 『티베트의 죽음 이해』, 모시는사람들, 2015.

[인도]

1 윤회를 바탕으로 한 힌두교의 장례문화

죽음을 어떻게 이해할 것인가는 영혼과 육신을 어떻게 이해하는가에 달려있다. 여기에는 종교관과 자연환경의 영향도 작용한다. 고대사회의 지배자들은 자신들이 누리는 정치·사회적 지위를 과시하고 이승에서의 안락한 생활을 저승에서도 이어가기를 염원하며 무덤에 많은 공을 들였다. 역사적으로 나라를 막론하고 많은 왕들이 장대한 고분을 축조하였다. 여러 나라의 고분들을 보면 순장을 했거나 많은 부장품들이 들어있는 경우가 많다. 고인이 언젠가 부활하여 불편함 없이 살 수 있도록 평소에 쓰던 생활도구를 무덤에 그대로 옮겨 놓기도 했고, 때론 벽화를 그려 생전의 생활 모습이나 염원하는 다음 세상 삶의 모습을 담기도 했다.

인도의 장례문화는 이 나라의 종교만큼이나 다양하다. 이슬람교도들과 가톨릭교도들은 매장을 한다. 무슬림들은 마호메트(무함마드)의 가르침에 따라 머리를 메카 방향으로 하여 묻으며 봉분은 세우지 않는다. 극소수의 조로아스터교 신자들은 여전히 새에게 시체를 먹게 하는 조장鳥葬을 행한다. 그러나 인도 사람들의 80% 이상은 힌두교를 믿으며 전통에 따라 화장火葬을 한다. 힌두교도들은 시신을 화장한 뒤 성스럽게 여기는 갠지스 강에 유골을 뿌리는 장례 풍습을 이어오고 있다.

힌두교의 특징은 윤회輪廻와 업業(카르마), 해탈解脫을 위한 노력, 도덕 행위의 중시, 경건한 신앙 등으로 요약할 수 있다. 힌두교에서는 윤회와 업을 누구도 벗어날 수 없는 숙명으로 여긴다. 인간은 물론이고 신조차 업의 굴레에서 벗어날 수는 없다. 따라서 인간이든 신이든 업의 굴레에서 벗어나려고 노력해야 하며 그 방법으로 고행 또는 요가를 행한다.

윤회와 업 사상은 인도 사람들에게 인간의 사후의 운명에 대해 깊은 가르침을 주었다. 힌두교에서는 죽음을 '목샤(자유)'라고 부르며 "영혼은 자유이며 죽음은 미혹이고 상상일 뿐"이라고 생각한다.

윤회와 업의 사상은 인간의 사후의 운명에 대한 지침을 주기도 한다. 힌두교의 믿음에서 육신은 물, 불, 공기, 흙의 4원소로 이루어져 있다. 시신을 화장하면 이 원소들은 해체되어 다시 자연으로 돌아간다. 따라서 화장은 영생을 얻기 위한 절차이다. 힌두교에서는 화장을 통해 육신을 소멸시킴과 동시에 카르마를 불태워 불멸의 삶으로 거듭난다고 여긴다. 따라서 인도에서는 아무에게나 화장을 허용하지 않는다. 예를 들어 전염병이나 사고로 죽은 사람, 임산부, 동물에게는 화장을 허용하지 않는다.

2 삶과 죽음이 함께 하는 바라나시

인도의 힌두교도들에겐 갠지스 강 자체가 신앙의 대상이다. 히말라야 산맥에서 발원하여 남쪽으로 흘러들어가는 갠지스를 따라 바라나시를 비롯하여 하르드와르, 알라하바드 같은 수많은 힌두교 성지들이 분포해 있다. 산스크리트나 힌디어로 갠지스 강을 강가Gaṅga라고도 하는데, 이는 가장 성스러운 강 갠지스를 상징하는 여신의 이름이기도 하다. 힌두교에서는 대부분의 힌두 신들이 갠지스에서 기원했다고 보기 때문에 갠지스를 인도 힌두교의 발원지로 여긴다. 따라서 강가잘(갠지스 강물)에는 죄를 정화하는 강력한 힘이 있고 그 물로 목욕하면 죄와 업이 씻겨나가 생사의 반복에서 벗어날 수 있다고 믿는다. 또한 죽어서 시신의 재를 갠지스 강에 뿌리면 영혼이 열반에 들 수 있다고 여긴다. 이런 믿음 때문에 힌두교도들은 강가의 물에 몸을 담그는 의식을 반복하고, 강가의 강물을 병에 담아 집으로 가져가며, 강가에서 죽음을 맞이하길 바란다. 바라나시Varanasi에서는 매년 11월이 되면 갠지스 강과 강가 여신을 찬미하는 '강가 마호차브Ganga Mahotsav' 페스티벌을 열기도 한다.

인도를 여행하다 보면 누구나 인도의 바라나시 같은 힌두 성지에서 화장하는 장면을 목격할 수 있다. 바라나시는 인도 북부 갠지스 강 중류에 위치한 우타르프라데시주州의 도시로 인구는 120만 명 정도이다. 인도에서 가장 오래된 도시 중 하나인 이곳은 힌두교에서 가장 신성한 곳이며, 불교와 자이나교에서도 중요한 성지로 꼽는다. 오랫동안 인도의 문화, 종교, 학문의 중심지가 되어 왔으며 산스크리트 대학, 힌두 대학 등이 이곳에 있다. 이슬람교도들이 메카의 카바 신전을 순례하고 기독교도들이 예루살렘을 성지순례 하듯, 인도의 힌두교도들은 바라나시의 갠지스 강을 순례한다.

바라나시의 화장터는 인도인들의 사원이자 순례지이다. 연간 100만 명이 넘는 순례자들이 방문하여 성스러운 갠지스 강에서 목욕재계하고 전생과 이생에 쌓은 업을 씻기 기원한다. 힌두교도들은 성스러운 갠지스 강에서 목욕하면 죄를 면할 수 있다고 믿는다. 죽어서도 신성한 강으로 되돌아가기를 원하기 때문에 시신을 화장하여 갠지스 강에 뿌리기도 한다. 갠지스 강변에는 순례자들을 위해 약 4킬로미터에 이르는 '가트Ghat'라는 계단형의 목욕장 시설이 마련되어 있으며, 그 다른 쪽에는 죽은 사람의 시체를 화장하여 재를 갠지스 강에 뿌리는 화장터도 있다.

갠지스강의 화장터. 갠지스를 힌두교의 발원지로 여기는 인도인들은 시신의 재를 이 강에 뿌리면 영혼이 열반에 들 수 있다고 여긴다.

오늘날도 인도인들은 갠지스강을 삶 자체이자 세상을 윤회시키는 거대한 힘이라고 생각한다. 수많은 인도인들이 갠지스 강에서 세례를 받고 그곳에서 조용히 죽음을 맞으며 다음 생의 축복을 기원한다. 이런 믿음과 관습으로 인해 그들은 강에서 죽고 강물에 시신이 뿌려지는 것만으로도 해탈에 이를 수 있다고 믿는다.

화장터이자 성지이기도 한 바라나시의 화장터는 매일 새벽부터 분주하게 죽음을 맞이한다. 이곳에서 가장 큰 화장터인 마니카르니카 가트Manikarnika Ghat에서는 하루에 100명 정도를 화장한다. 사망한 뒤 3시간 내에 화장하는 것이 관습이기 때문에 바라나시에 있는 '자유의 집'에는 죽음이 임박한 노인들이 각지에서 몰려든다.

한국인은 화장하면 뼈를 곱게 빻아서 산이나 강에 뿌리거나 보관하지만, 인도인은 타고 남은 시신을 대충 부수어 강물에 흘려보낸다. 강가

비싼 화장비가 없는 빈민들은 시신을 그대로 갠지스에 수장하기도 한다.

에서는 온종일 연기가 나고 주검 타는 냄새가 난다. 빨강, 노랑의 원색 헝겊으로 묶은 시신을 대나무 들것에 실은 운구 행렬이 밤늦게까지 강가로 몰려온다. 한국과 달리 화장터에서 우는 사람은 없다. 심지어 불타고 있는 주검 앞에서 노래하며 웃고 떠들기도 한다.

화장 절차로 먼저 시신을 강물로 씻는 정화의식을 치른 뒤, 곧바로 나무 단 위에 올려 불을 붙이고, 장의사가 타고 남은 시신을 강에 뿌리면 유족들은 자리를 뜬다.

화장하는 일은 하리잔(불가촉천민)이 맡는다. 땔감으로 향나무를 쓰는지 보통의 나무를 쓰는지에 따라 화장 비용에 차이가 난다. 하리잔에게 주는 수고비까지 1천 루피에서 2천 루피(3만원에서 6만원)정도가 든다. 최근에는 전기 소각로가 보급되었다. 전기 소각로 이용료는 200루피에서 700루피(6천원에서 2만원) 정도로 매우 싸다. 전기 소각로는 45분, 나무로 화장하는 전통적인 화장 방법은 3시간 정도가 걸린다. 그러나 일반인들은 전기 소각로를 잘 사용하지 않고 돈이 없는 극빈층만 이용하고 있다. 비싼 화장비가 없는 빈민들은 시신을 그대로 갠지스에 수장하는 경우도 많다.

인도에서는 홀리바질holly basil이라는 허브를 힌두교의 크리슈나신과 비슈누신에게 봉헌하는 신성한 식물로 여긴다. 힌두교의 성스러운 허브라는 뜻으로 '툴라시Tulasi'라고도 부르는데, "천국으로 가는 문을 연다"고 믿어 오늘날에도 죽은 자의 가슴 위에는 홀리바질 잎을 놓아둔다.

[네팔]

1 네팔의 장례문화

네팔 문화의 특징은 힌두교와 불교가 어울려 조화를 이룬다는 것이다. 네팔에 있는 힌두 사원과 불교 사원은 천 개가 넘는다. 불교 사원 안에 힌두 사원이 같이 있거나 힌두 사원 안에 불상이 모셔져 있기도 하다. 붓다가 출생한 룸비니의 불교 사원에는 힌두교의 대표 신인 시바 신을 모시는 사원이 있다. 종교예식 행사를 불교인과 힌두교도가 한 곳에서 함께 하는 경우도 많다.

힌두교인이든 불교인이든 네팔 사람들은 윤회를 믿으며, 죽음은 영혼이 다른 옷으로 갈아입는 과정이라고 생각한다. 죽음을 영혼이 육신을 떠나 다른 세상으로 가는 과정일 뿐이라고 믿기 때문에 곡을 하지 않는다. 유족들이 소리 내어 크게 울지 않아야 떠나가는 영혼이 편히 갈 수 있기 때문이다.

네팔의 힌두교도들은 아버지가 사망하면 아들들이 머리를 삭발하고

붓다가 태어난 룸비니는 세계 불교의 성지로 여겨진다. 붓다의 어머니 이름을 딴 마야데비 사원(사진)은 붓다가 태어난 장소로 알려져 많은 순례자들이 찾고 있다.

수염을 깎은 뒤 13일 동안 장례식을 치른다. 13일 동안은 애도기간이기 때문에 즐거운 행사에 가지 않고, 결혼식이 예정되어 있으면 취소하며, 때론 장사를 쉬는 사람도 있다. 유가족은 1년 동안 흰색 옷을 입으며 소금이 들어간 음식은 먹지 않는다. 소금을 먹지 않는 것은 소금은 신성한 음식인데 유가족은 신성하지 못하다고 생각하기 때문이다.

2 삶과 죽음이 공존하는 바그마티 강

네팔의 힌두교 최대 성지는 시바신을 기리기 위해 지은 파슈파티나트Pashupatinath 사원으로 수도 카트만두에서 약 5km 떨어진 곳에 있다. 이 사원 앞을 흐르는 바그마티Bagmati 강은 힌두교도들의 성지로 꼽힌다. 세계의 지붕 히말라야 산맥에서 발원하여 카트만두를 지나는 바그마티 강은 갠지스 강의 상류에 해당하는데, 이곳도 갠지스와 마찬가지로 힌두교에서는 성스러운 강으로 추앙한다. 네팔 사람들은 이 신성한 강의 물을 성수聖水로 여긴다. 이 강엔 종교가 생활화된 네팔인들의 일상이 담겨 있다. 네팔인들은 이 강에서 머리를 감고 몸을 씻는 일을 최고의 행복으로 여긴다. 바그마티 강은 네팔인들의 기도 장소이자 죽은 뒤 시신을 화장하는 화장터이기도 하다.

힌두교도들은 누구나 이 강가에서 자신의 장례식을 치르고 싶어 한다. 종교적으로나 정신적으로 큰 의미가 있는 곳이기에 이곳에서 죽고

파슈파티나트 사원. 바그마티 강가에 있는 파슈파티나트 사원은 네팔 힌두교도들의 성지로 꼽힌다.

화장되어 생사生死의 윤회에서 벗어나길 바라는 것이다. 이 강가에서 장례를 치른 영혼은 좋은 세상으로 간다고 믿으며 공개적으로 시신을 불에 태운다. 과거에는 여자들이 시신을 태우는 장소까지 따라갈 수 없어 집 근처에서 망자를 떠나보내야 했지만 요즘은 여자들이 화장터까지 따라와 소리 내어 울기도 한다. 힌두교에서는 사망 뒤 24시간 안에 화장을 해야 하기에 먼 곳에 사는 사람들은 미리 강가로 와서 죽을 때를 기다리기도 한다.

네팔인들에게 파슈파티나트는 삶과 죽음이 자연스럽게 공존하는 장소다. 강 한쪽에선 긴 장대를 든 사람이 시신을 뒤적이며 화장을 하고 다른 한쪽에선 사람들이 빨래를 하거나 목욕을 한다. 유가족들은 강둑에 있는 화장터(가트)에서 가족의 시신을 태우며 작별을 고한다. 시신이

어느 정도 타면 시신과 재를 함께 강물에 밀어 넣는다. 가난한 아이들은 시신과 재로 오염된 강물에서 수영을 하거나 망자의 노잣돈으로 흘려보낸 동전을 줍기도 한다.

네팔도 인도처럼 힌두 문화를 기반으로 하기 때문에 카스트 제도가 남아 있다. 네팔에는 '잣드'라 부르는 카스트 제도가 있으며, 신분에 따라서 장례식 장소가 다르다. 북쪽의 아리아 가트Arya Ghat는 상류 계급 사람들의 화장터이고, 남쪽의 람 가트Ram Ghat는 계급이 낮은 일반인들의 화장터이다.

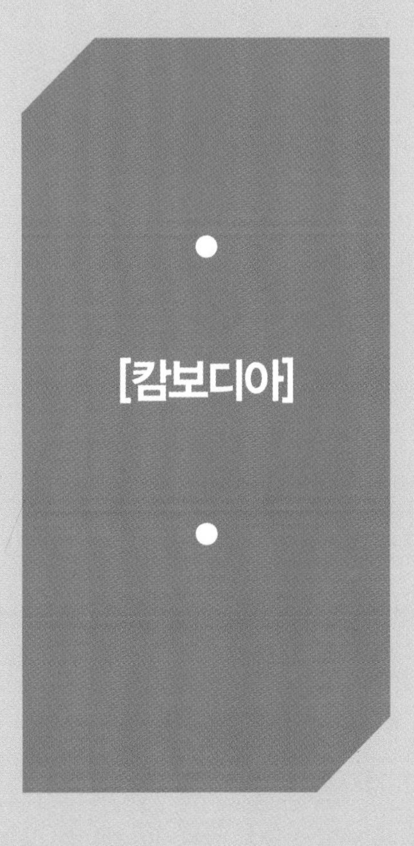
[캄보디아]

1 캄보디아의 장례와 제례 의식

종교와 장례의식

불교의 윤회사상이 강한 캄보디아에서는 화장 뒤 고인의 유골을 스님들과 가까운 곳에 모셔야 영혼이 극락왕생할 수 있다고 믿는다. 그래서 간혹 가정에 보관하는 경우를 빼고 보통 유골은 절에 보관한다. 때로 돌아가신 조상이 본인들을 보호할 것이라 믿어 사람의 뼈나 치아를 부적처럼 장식하여 목 주위에 착용한 모습도 볼 수 있다. 또 고인의 가족들 중 배우자, 자식, 손주들이 삭발하여 사랑하는 사람의 죽음을 애도하는 모습을 보이기도 한다. 중국계 캄보디아인들의 경우엔 시체를 화장하기보다는 땅에 묻는 것을 선호한다.

캄보디아의 제사 명절 프춤번

프춤번은 캄보디아에서 가장 중요한 명절 중 하나로 가족과 친지들이

캄보디아에서는 프춤번 명절이 되면 돌아가신 조상들이나 친지에게 음식을 바치기 위해 절을 찾는다.

모여 돌아가신 조상들과 친척들에게 음식을 바치는 날이다. '모임'이란 뜻에서 파생된 '프춤'과 주먹밥이라는 뜻의 '번'이 합쳐진 말로, 이날 새벽에 절 바닥에 주먹밥을 뿌리는 의식이 있어서 나온 용어다.

프춤번은 보름달이 뜨는 날부터 그믐날까지 15일 동안 기리는데, 특히 마지막 3일을 공휴일로 지정하고 가장 중요하게 여긴다. 캄보디아 사람들은 그믐이 되어 어두워지는 때에 지옥문이 열리고 구천을 떠돌던 조상들이 밥을 얻어먹으러 온다고 믿는다.

프춤번은 종교와 밀접하게 관련된 명절로 캄보디아 사람들은 이 기간 중에 돌아가신 조상들이나 친지에게 음식을 바치기 위해 절을 찾는다. 전통에 따라 15일 동안 절 일곱 군데를 돌며 스님들에게 음식을 공양하고 법문을 듣는다. 사람들은 절에서 스님에게 공양하는 음식이 조상들에게 직접 전해진다고 믿는다. 새벽 4시 경이 되면 절 바닥에 주먹밥을 뿌리는 '버 바이 번' 의식을 치르기도 하는데, 이는 업보가 많아 지옥으로 보내진 조상들에게 음식을 챙겨주는 의식이다.

2 힌두교의 우주관을 표현한 앙코르와트

오늘날 캄보디아는 세계의 많은 사람들이 가보고 싶어 하는 관광의 천국이 되었다. 그중에서도 앙코르와트와 킬링필드는 세계적으로 유명한 캄보디아의 관광 명소로 꼽힌다. 이 두 명소는 매년 세계에서 수백만 명의 관광객들이 찾아와 캄보디아를 먹여 살리는 관광지가 되었다.

두 명소 중 한 곳은 평온한 안식과 평화를 상징하는 중세의 사원이고, 또 한 곳은 인류 역사상 가장 큰 비극의 현장이자 잔혹한 고문과 고통스러운 죽음을 상징하는 '20세기의 묘지'다. 시대와 장소는 달라도 인간의 삶과 죽음의 이중주를 보여준다는 점에서 두 장소는 맥락이 통하는 곳이라 할 수 있다.

석조 건물로 지어진 앙코르와트는 힌두교의 비슈누라는 신을 모신 사원이다. 단일 신을 모신 사원 중 세계 최대 규모다. 9세기~15세기에

앙코르와트 사원. 석조 건물로 지어진 앙코르와트는 힌두교의 비슈누라는 신을 모신 사원으로 12세기에 지어졌다.

걸친 앙코르 왕조는 캄보디아가 가장 번성한 시기였으며, 영토를 확장하고 큰 사원을 건축하는 등 찬란한 문명을 꽃피웠다. 사원 단지는 12세기에 수리야 바르만 2세가 조성했다. 자야바르만 7세(재위 1181~1219)가 뒤를 이어 대승불교를 받아들였고, 자신을 불타佛陀로 받드는 바이욘 사원 등 크메르 역사상 가장 많은 불교 사원을 지었다. 하지만 13세기 이후 주변 국가들이 강성해지면서 앙코르 왕국은 멸망하고 만다.

앙코르와트를 포함한 앙코르 유적지는 수백 년 동안 밀림 속에 묻혀 있다가 1860년 프랑스 박물학자 앙리 무오가 발견하면서 세상에 알려졌다. 앙코르 왕조의 수도였지만 15세기에 프놈펜으로 수도를 옮긴 뒤에는 오랫동안 잊힌 채 방치되어 있다가 비로소 세상에 모습을 드러낸 것이다. 현재는 유네스코 세계문화유산으로 지정되어 있다.

크메르 건축을 대표하는 앙코르와트 사원을 비롯한 유적지 내의 모든 건물은 사암으로 건설했다. 앙코르와트 사원 외에도 주위 30여 킬로미터에 이르는 넓은 지역에는 수십 개의 사원과 왕궁 등 석조 건축물들이 남아있다.

웅장한 앙코르 왕국의 유적지에서 단연 돋보이는 것은 앙코르와트다. 앙코르Angkor는 '왕도王都'를 뜻하며 와트Wat는 '사원寺院'이란 뜻이다. 앙코르와트는 외벽이 동서로 1,500m, 남북으로 1,300m인 직사각형으로 되어있고, 중앙 탑은 높이 60m의 사암으로 이루어져 있다. 섬세하고 정교한 조각품으로 빼곡히 장식된 이 세계 최대 규모의 사원은 인간의 작품이라곤 믿기 어려운 정도로 웅장하고도 장엄하다.

사원 건축물은 중앙탑을 중심으로 동서남북 방향에 십자 형태로 둘

앙코르톰은 크메르 제국의 마지막 수도가 있던 자리로 불교 사원과 왕국의 유적들이 흩어져 있다.

러싼 3중 회랑, 그리고 회랑의 네 모서리에 세운 거대한 탑으로 이루어져 있다. 3층으로 이루어진 거대한 사원의 구조는 당시 힌두교의 우주관을 표현하고 있다. 우뚝 솟은 중앙탑과 주위의 네 탑은 세상의 중심이며, 신들이 머무는 자리인 수미산須彌山(수메르Sumeru)의 다섯 봉우리를 상징한다. 신계인 중앙 사당으로 이어지는 3층 계단은 엎드려야만 오를 수 있을 정도로 좁고 가팔라서 신 앞에 이르는 길의 험난함을 상징한다. 탑의 3층은 신이 거처하는 신성한 곳이다. 과거에는 왕과 높은 지위의 승려만 오를 수 있었다고 한다. 회랑은 길이가 760m에 달해 세계에서 가장 긴 회랑으로 꼽힌다. 사원의 외벽은 세상을 둘러 싼 산맥을, 사원을 둘러싼 해자垓字는 우주의 바다를 상징한다.

거대한 앙코르와트를 장식한 부조와 조각은 매우 아름답다. 끝없이 이어지는 앙코르와트의 모든 회랑과 탑의 벽면에는 아름다운 조각이 새겨져 있다. 1층 회랑의 벽면에는 힌두 전설인 라마야나, 마하바르타, 마나수라, 우유의 바다 휘젓기, 신과 악마의 전쟁, 사원을 건립한 수리야 바르만 2세의 출정 이야기 등 신화와 전쟁을 주제로 한 이야기들이 빼곡히 조각되어 있다. 벽면에 새긴 세부 조각은 더없이 정교하고 섬세하다. 이런 경이로운 앙코르와트를 보기 위해 매년 세계 각지에서 관광객들이 몰려들고 있다.

앙코르와트는 앙코르 왕조의 전성기였던 12세기에 수리야 바르만 2세가 힌두교 주신의 하나인 비슈누 신에게 바친 힌두 사원이다. 당시 크메르족의 왕이나 왕족은 죽어서 자신이 믿던 신과 합일한다는 신앙을 가졌고, 때문에 역대 왕들은 자기가 죽은 뒤 합일하게 될 신을 받드는 사원을 건립했다.

힌두교의 신은 여럿이지만 결국 하나라고 할 수 있다. 여러 신들은 결국 하나의 최고신이 현현한 모습이기 때문이다. 신들은 저마다 맡은 역할이 다르다. 힌두교의 가장 중요한 신은 브라흐마, 비슈누, 시바이다. 브라흐마는 세상을 창조했고, 비슈누는 세상을 유지하고 보호하는 역할을 하며, 시바는 세상을 파괴하는 일을 한다. 힌두교의 최고신인 브라흐마는 사방을 볼 수 있는 4면의 얼굴과 네 개의 팔이 있으며, 사람들의 소망에 따라 3억 가지가 넘는 다양한 모습으로 변신해서 나타난다고 한다. 비슈누는 세상을 유지하고 보호하는 신으로, 사람들에게 가장 인기가 높다. 비슈누는 세상이 위기에 처하면 인간의 모습으로 나타나 세상을 구원한다. 힌두교에서는 불교의 석가모니도 비슈누가 변신한 여러 모습 중의 하나라고 생각한다.

후세에는 불교가 성행하면서 힌두교의 신상을 제거하고 불상을 설치했다. 앙코르 왕조는 13세기 말부터 쇠망하기 시작하여 15세기경에 갑자기 멸망했다. 이와 함께 앙코르와트도 정글 속에 묻히고 말았다.

앙코르와트 외에도 앙코르 왕조의 대표적인 유적지로 앙코르톰Angkor Thom이 있다. 앙코르와트에서 약 1.5km 떨어진 곳에 있는 앙코르톰은 크메르 제국의 마지막 수도로 12세기 초에 건립되었다. 전체 면적이 270만 평에 이르는 대규모 불교 사원과 왕궁의 유적으로 이루어진 앙코르톰은 앙코르와트의 5배 정도 면적을 가지고 있다. 이곳을 건축한 12세기 당시엔 인구가 70만 명에서 100만 명에 이른 것으로 추정되는 대도시였다. 왓프레아녹 사원, 바푸욘 사원, 앙코르톰 중심부에 있는 바욘 사원, 왕실 전용 테라스인 코끼리테라스, 화장터였던 프레룹 등 불교 사원들과 왕궁 유적들이 있다. 이 가운데 바욘 사원에는 '앙코르의 미소'라고도 부르는 돌로 만든 얼굴이 있다. 관세음보살이라 여기는 이 조각상은 부드러우면서도 근엄한 미소를 띠고 있다. 또한 왕이 자기 어머니의 극락왕생을 기원하여 지은 타프롬 사원에서는 수많은 얼굴 조각상들을 볼 수 있다.

3 삶과 죽음의 참혹한 역사 킬링필드

현재 캄보디아에는 수많은 사원이 있으며, 모든 사원에서는 공양하는 사람들이 넘쳐나고 다양한 불교 행사들이 열린다. 그러나 40년 전 캄보디아는 인류 역사상 가장 잔혹한 학살이 벌어진 곳이었고, 이 역사를 증언하는 상징적인 장소가 바로 '킬링필드'라고 부르는 묘지이다. 킬링필드는 폴 포트가 이끄는 캄보디아 급진 공산 세력인 크메르루주가 1975년에서 1979년까지 4년 동안 자국의 양민 200만 명을 잔혹하게 학살한 역사의 현장이다.

1960년대 바로 옆 나라인 베트남에서 벌어진 전쟁이 캄보디아까지 번졌고, 나라 전역이 전쟁과 폭력에 휩쓸렸다. 킬링필드는 같은 이름의 영화로 전 세계에 알려졌다. 캄보디아 정부군과 공산 크메르루주 반군이 치열한 내전을 벌여 수도 프놈펜을 함락하기 직전인 1973년, 전쟁의 참상을 취재하러 갔던 뉴욕 타임즈의 특파원 시드니 쉔버그Sydney

프놈펜의 킬링필드 기념관에는 수많은 희생자의 유골들이 전시되어 있다.

Schanberg가 현지에서 채용한 캄보디아인 통역관 디스 프란Dith Pran을 만나 학살 현장을 보도하면서 겪은 실화를 그린 영화가 바로 〈킬링필드〉다.

프놈펜 곳곳에는 폴 포트 정권이 벌인 고문과 학살의 흔적이 여전히 남아 있다. 그중에서 뚜오슬랭(S-21)은 크메르루주가 학교를 빼앗아 감옥으로 개조한 건물로, 한 교실에 수십 명의 수감자를 빽빽하게 눕히고 쇠사슬로 묶어두거나 교실을 고문실로 사용했다. 고문은 심문하는 자가 미리 정해둔 죄목을 거짓으로라도 인정하는 절차에 불과했다. 심문자가 내민 죄상을 자백해야만 혹독한 고문에서 벗어나 죽음을 맞을 수 있었다. 감옥은 시멘트 바닥이고 공간은 언제나 끈적이는 열기로 가득했다. 오늘도 여전히 세계 곳곳에서 찾아온 많은 관광객들이 아직까지 죽음의 냄새가 떠도는 이 학살 현장을 찾고 있다.

크메르루주 정권은 1975년 프놈펜을 장악한 뒤 1979년까지 노동자, 농민의 유토피아를 건설한다는 명목으로 당시 캄보디아 인구의 4분의 1에 이르는 200만 명의 지식인과 부유층을 학살했다. 그중에는 노동자, 농민들도 포함되어 있었고 심지어 임신한 부녀자와 어린이도 있었다. 폴 포트의 지도하에 크메르루주는 상상하기조차 어려운 방법으로 끔찍한 고문을 가하고 사람들을 살해했다.

크메르루주가 생겨난 배경에는 미국의 베트남 침공이 있었다. 베트남의 이웃 나라인 캄보디아에는 당시 미국이 만든 론놀 정권이 집권하고 있었다. 1964년에 미국이 베트남에 군대를 파병하자 캄보디아는 중립을 선언했다. 그러나 베트남에게 땅굴과 군수물자 이송 등 군사작전을 허용함으로써 베트남 편으로 기울었다. 미국은 베트남이 판 땅굴을 폭격한다는 명분으로 캄보디아에 엄청난 폭탄을 퍼부었다. 이 폭격으로 캄보디아는 전국이 폐허가 되고 많은 사람들이 폭격과 굶주림으로 죽어갔다.

당시 프랑스에서 유학하고 돌아온 폴 포트는 유학하는 동안 몰두했던 공산주의를 시골 청소년들에게 확산시켰다. 그리고 그들에게 음식과 총을 주었다. 폴 포트는 론놀 정권의 부패에 절망하던 국민들의 열렬한 환영을 받았다. 청소년들은 자신들을 굶주림에 방치한 론놀 정권을 증오하고, 자신들의 분노에 호응하는 폴 포트 정권에 동조했다. 폴 포트는 크메르루주를 만들어 정부군을 공격했다. 그리고 1975년 4월에 미군이 베트남에서 철수하자 폴 포트의 크메르루주는 프놈펜을 점령하고 친미 정권인 론놀 정권을 무너뜨렸다.

폴 포트는 새로운 이상향을 꿈꾸었고 앙코르와트의 옛 영광을 재현하고자 했다. 그는 현대문명을 증오하여 800년 전 문명으로 되돌아가고자 했다. 프놈펜을 점령한 폴 포트는 새로운 농민천국을 만든다면서 도시인들을 농촌으로 강제 이주시키고 사유재산과 화폐와 종교를 폐지했다. 그리고 정치인, 기술자, 교사, 의사, 군인, 승려 등의 지식 계급을 잔혹하게 고문하고 조직적으로 학살했다. 그들을 색출하는 방법은 단순했다. 안경을 쓰거나 펜을 사용하여 손가락에 굳은살이 잡힌 사람들을 찾는 것이었다. 고문과 학살은 점차 광기를 띠게 되었다. 국민을 개조한다는 명분으로 상대적으로 풍요롭게 살았던 대다수의 프놈펜 시민들을 잡아다 온갖 죄목을 씌워 고문했고 억지 자백을 받아 학살했다. 1979년에 베트남군의 지원을 받은 캄보디아 공산동맹군이 크메르루주 정권을 제거할 때까지 참상은 계속되었다.

앙코르 유적지는 1970년 말 크메르루주 게릴라들의 마지막 도피처이기도 했다. 이 지역은 1972년부터 낮에는 베트남군과 캄보디아 공산동맹군이, 밤에는 크메르루즈 반군이 장악하면서 유물이 도난당하고 훼손되어 복원이 불가능할 정도로 파괴되는 등 막대한 피해를 입었다. 아직도 곳곳의 벽면에는 총탄의 흔적이 남아있다. 당시의 총격전으로 유물의 70%가 파손되었다고 한다. 사원 근처의 왕궁 유적과 유물 또한 대부분 도난당하거나 파괴되었다. 유네스코는 1983년 이 유적지 복원을 위해 조사를 시작했다.

캄보디아 사람들 대다수는 과거에는 힌두교를 믿었고 현재는 불교를 믿고 있다. 힌두교도들은 비슈누의 아바타인 크리슈나의 가르침이 담긴 책 『바가바드기타』를 중요시한다. 이 책은 행복해지는 세 가지 길을 말한다. 그것은 지혜롭게 사는 것, 욕심 없이 봉사하며 사는 것, 신을 사랑하며 사는 것이다. 힌두교도들은 인생을 사는 동안 이 세 가지 길을 실천하기 위해 노력한다. 불교 또한 무상한 지혜와 해탈과 무한한 자비와 이타심을 가르치는 종교이다. 하지만 천 년간 이런 고귀한 가르침을 추구하며 평화를 지향하던 이 나라에 인류 역사상 가장 참혹한 학살이 벌어진 것이다.

고결하고 신성한 종교의 땅에서 어떻게 이처럼 비인간적인 야만의 지옥이 연출되었을까? 안식과 평화를 상징하는 사원과 인류 최대 비극의 현장이 어떻게 한 나라 안에 오롯이 공존할 수 있을까? 앙코르와트와 킬링필드라는 세계에서 가장 특이한 캄보디아의 두 명소는 여러 측면에서 공통점을 지닌다. 무엇보다 권력자의 오만과 아집 같은 이기심이 인간 세상과 생명을 파괴하고 죽음을 왜곡시키는 야만으로 이끈다는 사실을 똑똑히 보여준다. 인간이 신봉하는 이념과 종교가 아무리 신성하고 고귀한 것이라도 삶과 죽음의 자연스런 과정을 비틀어 왜곡시킨다면 생명의 기쁨으로 충만한 세상을 아수라 지옥으로 만들고 생명의 아름다운 축복을 야만의 고통으로 만든다는 걸 두 역사 유적은 웅변하고 있는 것이다.

삶과 죽음을 대하는 건강한 태도는 매우 중요하다. 나와 타인의 삶과 죽음이 존중되고 조화로움을 이룰 때 문명이나 이상은 인간세상을 이끌어가는 생명력을 지니게 것이다.

참고문헌

- 김혜미, 「죽음도 축하해주는 캄보디아」, 불교신문 2595호, 2010년 02월 03일.
- 정인휴, 「조상들을 기리는 명절 프춤번 2014」, 뉴스브리핑 캄보디아, 2014년 9월 25일.
- 박슬기, 「죽음은 끝이 아니라 새로운 시작 삐티 본 썹」, 뉴스브리핑 캄보디아, 2013년 06월 26일.
- Keo Mony, 「Death in Cambodian Buddhist Culture」, Ethnomed , January 01, 2004.
- Ly Daravuth Brandeis International Fellow, 「Notes on Pchum Ben」, 『The International Center for Ethics, Justice, and Public Life at Brandeis University』 p1~9, 2003~2004.
- NATHAN THOMPSON, 「Cambodian Pchum Ben festival is a time to feed hungry ghosts」, Post Magazine, 2015년 3월 30일.
- 「PCHUM BEN FESTIVAL」, Asia Life Cambodia, September 6. 2016.
- Wikipedia, 「Pchum Ben」, October 2018

제3장

유럽의 장례문화

[독일]

[스웨덴]

[프랑스]

[독일]

1 독일의 장례 역사와 죽음 인식

고대 독일의 장례문화는 전투와 명예를 중요시하는 게르만족의 특성과 관련이 있다. 잦은 전쟁과 전투를 겪었던 게르만인들은 죽음을 대할 때 슬픔을 절제하며 눈물을 빨리 거두는 것을 미덕으로 삼았다. 그들의 장례의식은 간결하게 나무를 쌓아올려 화장을 하는 것이었으며, 전투에서 사용하던 무기와 고인이 타던 말을 함께 화장하기도 했다.[1] 4세기경에 이르러는 게르만인들이 로마 문화권에 거주하고 기독교를 수용하면서 장례풍습도 토장을 받아들이게 된다. 기독교 초기의 초대교회 시대에는 게르만족이 가지고 있던 문화적 관습과 기독교의 신앙이 결합된 장례형태가 나타나기도 했으며, 성 아우구스티누스St Augustinus가 장례에 대한 기독교인의 지침을 신학적으로 완성한 뒤에는

1 이광숙 편역, 『타키투스의 게르마니아』, 서울대학교출판부, 1995.

성 아우구스티누스가 초기 기독교의 장례문화 지침을 신학적으로 완성한 뒤부터 유럽에는 매장문화가 자리를 잡게 되었다.

기독교의 장례문화로서 매장 문화가 자리를 잡게 되었다.

초대교회에서 묘지는 육신의 부활이라는 기독교적 믿음으로 거룩한 장소로 여겨졌고 순교자들은 교회 내 지하나 지상에 안치되었다. 중세 때에는 화장을 금하고 교회와 가까운 곳에 시신을 안치할 것을 규정하였는데, 평민과 성직자, 귀족 등 신분에 따라 다르게 적용되었다. 장례의식은 초대 교회에서는 죽은 사람을 위해 제물을 바치고 기도를 올리는 것이 주였지만 중세에 이르러서는 장례미사, 곧 위령미사로 발전하였다. 그러나 죽은 뒤에도 남은 사람들의 기도와 행위로 죄 사함을 받을 수 있다는 가톨릭교회의 면죄부 판매 논쟁과 함께 루터의 종교개혁이 이루어졌고, 이후 개신교에서는 위령미사와 장례미사를 배제하게 되었다.

독일의 묘지문화를 근본적으로 바꾸어 놓은 계기는 14세기 유럽을 휩쓸고 갔던 흑사병(페스트Past)이 16세기에 다시 창궐한 것이었다. 재앙을 경험하며 죽음에 대한 두려움과 함께 관심도 커질 수밖에 없었다.

기독교의 부활에 대한 믿음은 다시 죽음에 희망이란 의미를 부여하게 되었다. 페스트 확산을 방지하기 위해 주거지역과 묘지가 분리되었고 아울러 교회묘지와 공공묘지를 분리시켰다. 18세기에는 개인묘지를 조성하기 시작하면서 도시 외곽에 국립 공원묘지가 생겼다. 19세기 근대 산업국가 시대에 들어와서는 시신 소각기술이 발달하면서 위생과 경제성을 앞세워 화장이 다시 시작되었다. 20세기에 들어와서는 공원묘지가 정착되었는데, 대부분의 공원묘지에는 장례 예배를 위한 교회와 기념관이 세워졌다.

특히 독일은 두 차례의 세계대전을 비롯하여 150여년에 걸친 전쟁을 겪으면서 죽음에 대한 특별한 인식을 가지게 되었다. 삶과 죽음에 대한 이러한 인식으로 인해 극도로 절제된 형식의 장례문화를 보여주고 있으며, 1980년대부터는 공교육에서 죽음교육을 시행하고 있을 정도로 죽음준비를 생활의 한 형태로 정착시키려 노력하고 있다. 죽음교육의 내용은 주로 죽음을 '준비하는 교육'과 타인의 죽음에 대해 준비하는 '비탄교육'으로 이루어지며, 주입식 교육이 아니라 죽음의 의미와 장례문화에 대해 깊이 생각해 볼 수 있게 하는 내용이다.

2 현대 독일의 장례문화

독일의 장례식은 고인의 가족과 친지, 친구, 가깝게 지내던 이웃들 정도가 참석한 가운데 조용히 치러진다. 우리나라처럼 자녀의 친구나 직장 동료가 조문하러 오지 않는다. 고인이 사망하면 가족과 친척에게 전화로 먼저 사망 소식을 전하고 이후에 고인이 언제 태어나고 죽었는지, 장례식은 언제 하는지 등을 알리는 부고장을 보낸다. 고인과 가까이 지냈던 지인들에게도 우편으로 부고장을 보내는데, 부고장을 받은 사람들은 위로의 카드를 답신으로 보낸다. 그리고 유가족은 지역 신문에 부고를 알리는 광고를 낸다.

한국에서는 유가족이 사망신고 등의 모든 절차를 진행하지만, 독일에서는 장의사가 장례 절차와 행정적인 문제를 처리한다. 유가족은 고인의 개인적인 부분만 정리하면 된다. 1960~70년대 들어 혼자 사는 사람들이 많아지고 유가족이 없는 죽음도 많아지면서 장례 문제를 사회적으로 처리하는 시스템이 도입되었다. 필요한 서류와 확인해야 할 사항은 그때그때 장의사가 집을 방문하여 처리해 준다.

사망하면 먼저 의사가 집으로 와서 사망 원인을 확인하며, 하루나 이틀이 지난 뒤 법의학 의사가 장의사에게 자연사인지, 자살인지, 타살인지 등을 다시 확인한다. 집에서 사망했을 경우 시신은 법적으로 36시간 동안 집에 머무를 수 있다. 집에는 영정 등을 설치하지 않으며, 머리맡에 촛불을 켜놓는 것으로 망자에 대한 예의를 대신한다. 장의사가 와서 시신을 모셔갈 때에도 특별한 예식 없이 관에 담아 운구한다. 대부분 늦은 밤에 와서 시신을 모셔 가는 것은 이웃들에게 피해를 주지 않기 위해서다.

병원에서 사망할 경우 곧바로 시신을 안치실로 옮기고 약 2시간 정도 대기한 뒤 의사가 사망진단을 내리면 곧바로 지하 냉동고로 옮긴다. 그 뒤에 장의사가 와서 시신을 장례식장으로 옮긴다. 독일 사람들은 병원에서 사망할 경우 촛불도 켜보지 못하고 고인을 보내는 것을 가슴 아프게 생각한다. 그래서 될 수 있으면 집에서 죽기를 원한다. 집에서 사망하면 다음날 장의사가 집을 방문해 부고장 문구와 장례 일정을 확정한다. 장례 일정은 친척들이 도착할 수 있는 시간을 고려하여 잡는다. 먼 곳에 사는 친척이 있으면 장례 날짜를 늦춰 잡지만 아무리 늦어도 일주일을 넘기지는 않는다.

독일에는 우리나라와 같은 대규모 화장장이 없다. 히틀러 시대에 유대인을 가스실에서 집단 학살하고 화장했기 때문에 정서적으로 화장시설에 대한 거부감이 있다. 화장을 꺼리는 또 하나의 이유는 기독교의 영향이다. 고인을 화장하는 것은 지옥 불에 던지는 느낌을 주기 때문에 화장을 하더라도 유족들은 이 장면을 보지 않는다.

독일은 묘지를 공원처럼 조성하여 늘 꽃이 피어 있고 조경이 잘 가꾸어져 있다. 그래서 유족은 물도 주고 꽃도 가꾸며 묘지에 늘 신경을 써 관리해야 한다. 묘지 관리가 안 되면 주위 사람들로부터 손가락질을 받는다. 그래서 묘지 관리에 부담을 갖는 사람들이 요즘은 화장을 선호한다. 국가도 화장을 장려하고 있으며 매장 비용은 화장에 비해 몇 배나 많이 들기 때문이다.

장례식은 묘지에 딸린 예배당에서 치른다. 조문객들은 검은 색이나 회색 옷(대부분 검정색)을 차려 입고 꽃(대부분 노란 장미꽃)을 하나씩 든 채 장례식에 참석한다. 조문객들은 장례식장 입구에 마련된 방명록에 이름을 적은 뒤 양초를 받아들고 소리가 나지 않게 발뒤꿈치를 들고 고인 앞에 가서 묵념을 한다. 그리고 양초에 불을 붙여 촛불 탑에 놓고 자리에 앉는다. 묘지에 가지 않고 장례식에만 참석하고 갈 사람은 꽃을 관 앞에 미리 놓고 촛불을 자리에 놓은 뒤 유족과 악수하고 자리로 간다. 추도행사가 끝나면 관을 운구하여 묘지로 이동하여 하관할 자리에서 하관식을 거행한다. 하관식이 끝나면 관 위에 흙이나 꽃을 뿌린다.

장례식은 개신교식으로 진행하지만 목사의 추도사와 축도가 전부이며 찬송가는 부르지 않는다. 고인에게 꽃을 바친 뒤 옆문으로 빠져나가는 것은 고인에게 등을 보이지 않기 위함이다. 등을 보이는 것은 영원한 이별을 뜻하기 때문이다.

장례식이 끝나면 시내에 있는 호텔 식당으로 이동해 1시간 정도 식사를 한다. 스프 한 접시, 케이크(우리 식으로 하면 장례식 떡에 해당), 커피와 차, 물 정도가 전부인 조촐한 식사다. 식사비용은 보통 1인당 3만 원 정도가 드는데 유가족이 지불한다. 장례식이 끝나면 유가족은 고인의 유품을 정리하며, 옷가지나 신발 등은 노숙인 쉼터 같은 곳으로 보내기 위해 분리해 놓는다.

3 도시인들에게 휴식을 주는 공원묘지

페스트가 창궐하던 16세기 무렵부터 전염병의 확산을 방지하기 위해 묘지는 주거지역에서 분리되었고 공동묘지 대신 납골당이 생겨났다. 이는 독일의 묘지문화가 혁신적으로 바뀌는 계기가 되었고, 교회묘지와 공동묘지가 분리되기 시작했다. 1750년경부터 공동묘지는 영국의 영향으로 정원식 공원의 형태로 변신하게 된다. 이때부터 가족묘에 대한 의식이 생겨났고 20세기에 이르러 공원묘지가 독일에 정착하게 된다.

독일에서는 우리나라처럼 자신의 땅이나 산에 개인묘나 가족묘를 모시는 일이 거의 없고 대부분 공동묘지를 사용한다. 묘지는 녹지공원의 역할을 한다. 묘지들이 도시의 오염된 공기를 걸러주는 공기청정기 역할을 하므로 시에서는 녹색유지비 명목의 세금을 걷어 나무들을 관리한다. 독일의 도시에서는 엄격한 시한부 매장 제도를 시행하고 있다.

독일 최초의 공원묘지는 1877년에 조성된 함부르크의 올스도르프 묘지이며 이때부터 묘지석, 십자가형 지석이 일반화되었다. 지역마다 다르지만 프랑크푸르트의 경우 매장 묘지의 사용기간은 20년이다. 프랑크푸르트의 시한부 매장 제도의 또 하나 큰 특징은 개인묘는 재계약을 할 수 없고 가족 묘만 재계약이 가능하다는 점이다.

프랑크푸르트 시립중앙묘지(숲묘지)

프랑크푸르트 시립 중앙묘지는 평지에 나무를 심어 숲으로 만들었다. 주거공간에서 가깝고 지하철역에서 내려 걸어갈 수 있는 거리에 있어서 조문객들이 언제든 방문할 수 있다. 묘지는 수목원을 방불케 하는 숲으로 둘러싸여 있다. 참배객들이 꽃과 나무를 심고 가꿀 수 있도록 수도시설이나 재배 도구들을 갖추고 있다. 사람들이 직장에 출근하기 전 아침 일찍 들러 묘 주변의 정원에 물을 주면서 꽃과 나무를 가꾸곤 한다. 묘지 근처에는 아무 때나 앉아서 쉴 수 있도록 벤치를 설치해 놓아 시민들의 휴식공간으로도 각광받고 있다.

함부르크 올스도르프 공원묘지

유럽 최대의 공원묘지로 1877년 함부르크 올스도르프Ohlsdorf 지구에 조성되었다. 120만 평의 공원 안에 총 235,000개의 무덤이 흩어져 있으며 가족묘지, 부부묘지 등 다양한 형태의 무덤들이 갖추어져 있다.

정문 입구에는 박물관이 있는데 각국의 장례 풍습이나 다양한 장례용품 등을 전시하고 있다. 장례 예배를 볼 수 있는 12곳의 예배당과 화

올스도르프 공원묘지. 아름다운 숲과 자연경관을 지닌 함부르크의 올스도르프 공원묘지에는 유명인사들의 무덤이 많아 관광 명소가 되고 있다.

장터가 있고 전쟁기념비와 제2차 세계대전 중 학살당한 유대인들을 위한 기념비 등 다양한 조형물과 작품들이 설치되어 있다.

공원묘지의 설계자인 빌헬름 코르데스는 공원묘지가 죽은 자만을 위한 곳이 아니라 살아있는 도시인들에게도 휴식을 줄 수 있는 곳이 되어야 한다는 생각으로 나무와 꽃과 산책로가 있는 영국식 정원을 조성했다. 나지막한 언덕과 연못이 있고 곳곳에 개울물이 흐른다. 450여종의 수목과 100여 종의 조류가 서식하는 등, 아이들이 뛰어놀 수 있는 자연 학습장으로도 유용하다.

아름다운 숲과 자연환경을 지닌 넓은 공원에는 유명인사들의 무덤도 많아 관광 명소가 되고 있다. 많은 이들이 유명인들의 무덤을 둘러보기 위해 공원묘지를 찾는다. 작가 볼프강 보르헤르트, 배우이자 가수였던 한스 알버스, 함부르크 동물원 하겐베크의 창설자인 하겐베크, 전 독일 수상 헬무트 슈키트 등의 무덤이 있다.

베를린의 룰레벤 공동묘지

1975년 설립된 룰레벤Ruhleben 화장장은 하루 최대 750구까지 화장할 수 있는 시설을 갖추고 있다. 1969년에 베를린에 역병이 돌아 많은 사람이 사망하였을 때 시내에 시신을 안치할 시설이 절대적으로 부족했다. 결국 지하철 차고나 식물원 등에 임시로 보관해야 하는 상황이 발생했고, 이 사건을 계기로 대형 시설의 필요성을 절감한 베를린 시는 하루 최대 750구의 시신을 안치할 수 있는 대형 화장장 시설을 만들었다.

룰레벤 묘지의 또 하나 특징은 화장로의 열을 다른 시설에 재사용한다는 것이다. 화장장은 가스를 이용하여 화장하는데, 여기에 쓰고 남은 열을 시설 전체의 난방과 온수를 만드는데 사용한다. 독일인의 철저한 절약정신과 실용정신을 엿볼 수 있는 부분이다.

참고문헌

- 이광숙 편역,『타키투스의 게르마니아』,서울대학교출판부, 1995.
- 김춘식,「독일의 장례문화사-죽음에 대한 인식과 장례문화를 중심으로」, 독일연구 제36호, 2017.

[스웨덴]

1 진정한 애도가 있는 나라 스웨덴

스웨덴에서는 누군가 임종하면 병원(병원에서 사망할 경우)이나 장례식장(교회 또는 공동묘지)의 시신 안치실에 안치하여 장례식을 거행한다. 가족들은 지역 신문이나 메일로 부고를 낸다. 신문 부고에는 고인이 평소 좋아하던 마크(상징 이미지)와 함께 고인의 이름, 생년월일, 사망날짜, 위치 등을 기입하여 사망 소식을 알린다. 병원이나 장례식장에서 시신은 방부 처리되지만 법으로 규정된 것은 아니며 이에 대한 비용은 유가족이 부담한다. 장의사 자격증 제도는 없고 개인회사 또는 조합 형태로 운영되며 보험도 취급한다.

한국은 3일장이나 5일장으로 장례기간이 짧지만, 스웨덴에서는 짧게는 2주에서 길게는 6주 정도의 기간을 두고 장례를 치른다. 이렇게 긴 장례 일정 때문에 스웨덴에는 대형 시신 안치소가 많다. 부고를 받은 지인은 미리 참석 여부를 알려줘야 한다. 참석 여부에 따라 커피나 케이크를 준비하기 때문에 연락 없이 장례식에 참석하는 것은 실례다. 사정상 참석하지 못할 경우에는 꽃이나 기부금 증서 등을 보내기도 한다.

2012년 개정된 스웨덴의 장사법은 장례기간을 두 달에서 한 달로 낮추었다. 법 개정에도 불구하고 유족들은 규제의 면제조항을 적용하길 원하고 있으며 죽음과 장례식 사이의 평균 기간은 다시 벌어지고 있다. 이는 이웃 국가인 노르웨이의 장례기간과 비교되는데, 노르웨이에서는 장사법 상 사망으로부터 2주 안에 매장을 하도록 의무화하고 있다. 노르웨이인들의 평균 장례기간은 8일 정도이며, 프랑스에서는 평균 6일, 네덜란드에서는 평균 5일이 걸린다.

장례식에는 가족을 비롯한 친척, 이웃 주민들이 참석한다. 장례식은 목사가 진행하는데, 먼저 예배를 드린 뒤 목사가 미리 전해들은 고인의 생전 이야기를 한다. 스웨덴에서 꽃은 장례식에서 빼놓을 수 없을 정도로 중요한 역할을 한다. 예배가 끝날 즈음 조문객들은 시신 주변에 꽃을 놓으며 묵념을 한다. 유족은 관이나 고인의 가슴에 꽃다발을 올려놓는다. 꽃을 바치며 고인에게 마지막 인사를 하는 것이다. 장례식 예배 동안에 고인에 대한 사랑과 슬픔을 표현하며 여러 곡의 노래를 함께 부른다. 스웨덴 장례는 애도의 시간이 길다. 고인이 묻히기 전에 충분히 애도하며 추모의 감정을 나눈다.

장례식을 마치면 고인의 가족들과 추모객들은 음식이 준비된 카페로 자리를 옮겨 음식을 먹고 커피를 마시며 이야기를 나눈다. 중간 중간 고인의 가족이나 친했던 사람들이 일어나 고인 이야기를 하며 건배를 한다.

최근 스웨덴에는 장례식의 조문객 수가 부쩍 줄었다고 한다. 30년 전만 해도 평균 50명 정도였던 것이 지금은 절반인 25명 수준으로 감소했다. 특히 스웨덴의 수도인 스톡홀름에서 이런 현상이 심하다. 아예 장례식을 치르지 않는 경우도 있고 사망자 10명 중 1명은 고독사孤獨死한다고 한다. 그 이유는 스웨덴의 평균 가구당 인원이 2명인데다 특히 스톡홀름엔 1인 가구 비율이 무척 높기 때문이다. 스톡홀름 전체 가구의 무려 60%가 일인 가구라고 하니 혼자 쓸쓸하게 죽음을 맞는 일이 더욱 빈번해지고 있는 것이다.

2 스웨덴의 다양한 장례문화

루터교가 국교인 스웨덴에는 전국 900개 교구에 2,500개소의 공공교회가 있는데, 스톡홀름 시를 뺀 모든 지역에서 각 교구가 공공묘지를 관리한다. 장례, 매장, 화장 등에 관한 사항은 교회에서 담당하고 교회가 해결할 수 없는 일은 지방자치단체에서 해결한다.

루터교는 공동체들이 모이는 축제나 예식 등을 별로 좋아하지 않는다. 또한 스웨덴의 날씨가 춥고 사람들은 넓은 지역에 분산하여 사는 탓에 예식들을 주로 집안에서 가족들끼리 치르는 경우가 많다. 장례식에서 가족과 가까운 친척들은 흰색 넥타이를 맨다. 사망 뒤 1개월 안에 매장이나 화장을 완료하도록 법으로 규정하고 있으며, 스톡홀름 시의 경우 평균 장례기간은 4주 정도이다. 시신을 화장할 경우 가족이나 유족은 참관하지 않으며 화장이 끝난 뒤에 화장장에서 개별적으로 통지한다. 스웨덴의 전국 화장률은 65%이며 북부지역보다 남부지역의 화장률이 월등히 높다. 스톡홀름시의 화장률은 90%이며, 가족 납골묘 45%, 산골散骨 45%이다. 산골은 대부분 공공묘지 내의 특정 장소를 이용하고 강이나 산에 뿌릴 경우엔 허가를 받아야 한다.

매장묘나 납골묘는 보통 1평 미만으로 묘지 공간을 효율적으로 활용한다. 자연을 훼손하지 않고 대지와 숲의 특질을 그대로 살려 숲(소나무, 전나무 등이 있는)에 평장묘平葬墓를 조성하며, 묘지의 크기는 보통 1.2m×2.4m 정도이다. 대부분 돌로 된 입석 묘비를 사용하고 무연고 묘지의 경우엔 십자가로 표시한다. 무연고묘지는 첫 매장 때 4m 깊이로 파서 매장한 뒤 관과 관 사이를 흙으로 메우며 계속 사용한다.

스톡홀름의 공공묘지는 25년 시한부로 사용할 수 있으며 연장이 가능하다. 스톡홀름 시민이 아니거나 외국인이어도 원하면 누구나 묻힐 수 있다. 스톡홀름 시의 경우 묘지, 화장장 사용료의 50%는 세금으로 충당하고 50%는 유족이 부담했지만 2000년부터는 사용자 부담이 없어지고 세금으로만 운영되고 있다. 소득 100크로나 당 0.09크로나의 세금을 걷어 장례비용으로 충당하는데, 스웨덴 서부 지역의 경우엔 주민 수가 적어 소득 100크로나 당 1.39크로나의 장례세를 징수하기도 한다. 전국에 70개소의 화장장을 보유하고 있는데, 스톡홀름 시에는 2개의 화장장이 있다. 실내 납골 시설이 드물며(스톡홀름 시에는 1개소) 개인묘지도 거의 없다. 왕실이나 유태인들의 경우 개인묘지를 조성하기도 하지만 이런 경우엔 허가를 받아야 한다.

3 세계문화유산 우드랜드

우드랜드Wood Land라는 이름으로 더 잘 알려진 스톡홀름의 스코그쉬르코고르덴Skogskyrkogarden은 1994년에 유네스코 세계문화유산으로 지정되었다. 20세기에 조성된 공동묘지가 문화유산으로 지정된다는 건 매우 희귀한 일이다. 우드랜드는 자연과 인공, 즉 숲과 묘지가 자연스럽게 어우러져 있어서 자연 경관을 훼손하지 않으면서도 묘지 공원 본연의 기능과 예술성을 함께 지녔다는 평가를 받고 있다. 세계적으로 귀감이 될 만한 묘지 조성 사례로 꼽히는 이곳은 다른 공동묘지를 설계하는 데에도 많은 영향을 주고 있다.

새로운 묘지 조성을 위한 국제 공모전에 당선된 스웨덴의 건축가 레베렌츠Sigurd Lewerentz와 아스플룬트Erik Gunnar Asplund가 오래된 채석장 부지에 인위적인 변형을 가하지 않고 오래된 소나무 숲을 활용하여 묘지를 조성했다. 북유럽 고전주의를 반영한 화장장 건물과 추모교회,

스코그쉬르코고르덴. 우드랜드라는 이름으로도 알려진 이곳은 자연 친화적인 숲속 공원으로 조성되었다.

건축가의 개성이 돋보이는 부속 건물들이 들어섰다. 아름답게 조성된 공원은 묘지들을 위한 공원으로 느껴질 만큼 건축학적으로 큰 가치가 있다. '우드랜드 묘지'의 도입부는 구릉과 숲, 소박한 콘크리트 십자가, 인공호수로 이루어져 있다. '회상의 숲'에는 유골을 뿌릴 수 있는 3만 평방킬로미터의 숲을 운영하고 있는데 걷기 좋은 오솔길 그 자체이다. 천상의 모든 성인과 순교자의 영혼을 제사하는 '만성절All Saint's Day(11월 1일)'이면 사람들이 이 숲에 영혼을 상징하는 촛불을 놓아 장관을 이룬다.

스웨덴이 낳은 세계적인 여배우 그레타 가르보Greta Garbo가 생전 이곳을 방문한 뒤 묻히길 희망했는데 실제로 묻히게 되어 더욱 유명해졌다. 스톡홀름의 관광을 안내하는 사이트에서도 우드랜드 묘지를 한번 방문해 보라고 권할 정도이다. 스톡홀름 시내 중앙역에서 지하철로 15분 거리에 있어서 접근성도 좋다. 숲 사이사이에 무덤이 있는 우드랜드는 묘지라기보다 편안한 숲속 공원 같다. 자연과 더불어 살다가 자연으로 돌아가는 삶을 실천하려는 스웨덴 사람들의 정신을 느낄 수 있는 곳이다.

참고문헌

- 북유럽지역 장묘제도 연수보고서 http://www.root.or.kr/myo/n-europe.htm
- 한국장례문화진흥원 국내외장례문화 http://www.kfcpi.or.kr/infoMadang/funeral_info.do?cid=c1426

[프랑스]

1 프랑스의 장례문화

북으로는 영국해협 남쪽으로는 지중해와 접해 있는 프랑스는 국민들의 약 85%가 가톨릭 신자이기 때문에 죽으면 주로 교회묘지에 매장된다. 최근 들어서는 프랑스인들에게 종교의 의미가 많이 퇴색하였고 도시 근로자들 중에는 무교도 많아졌다. 프랑스는 도시화와 교회묘지의 부족으로 가장 먼저 집단 묘지를 만든 나라이기도 하다. 프랑스에서는 5일 안에 장례를 치르지 않으면 안 된다.

누군가 사망하면 담당의사의 사망진단서를 관청에 제출하고 매장허가증을 받아야 한다. 24시간 안에는 매장을 하지 못하도록 법제화되어 있다. 통상적으로 사후 48시간 안에 공공묘지에 매장해야 한다. 매장지가 사망 장소로부터 125마일 이상의 장소에 매장하거나 2시간 이상 걸리면 관의 내부에 밀폐용 금속 핀을 붙여서 경찰관이 봉인하도록 의

무화되어 있다[2].

프랑스는 인생의 마지막 통과의례인 장례를 장대하고 장엄하게 치르는 나라 중 하나이다. 상가에서의 제단에는 관대와 촛대가 설치되고 주변을 검은 커튼으로 치장하는데, 관 위에는 고인의 손때가 묻은 유품들을 올려놓는다.

프랑스는 자치구마다 공공묘지가 있다. 대부분의 프랑스인들은 지자체에서 운영하는 공공묘지에 묻힌다. 1960년부터 프랑스의 모든 자치구에서 시한부 매장 제도가 실시되고 있다. 시민이 죽으면 시에서 묘지로 쓸 땅을 무상으로 제공한다. 그러나 임대기간이 지나면 남겨진 유골을 수습하여 40센티미터에서 50센티미터의 네모난 상자에 넣은 뒤 공동 유골장에 안치한다. 공동 유골장은 영구적으로 사용할 수 있게 충분히 정비가 잘 되어 있다. 기존 묘지가 있던 땅은 2년의 정비기간을 거친 뒤 재분양하게 된다.

임대기간이 만료되면 유가족이 원하는 경우 보통 10년 300프랑-400프랑(약 6만 원), 30년에 1,500프랑(약 20만 원), 그리고 50년에 5,500프랑(약 100만 원)정도의 연 임대료를 내면 10년마다 묘지 사용 기간을 연장할 수 있다. 그러나 최고 연장할 수 있는 기간은 30년이고 길면 50년까지다. 무연고 분묘나 묘지 사용 기간이 끝나도 유족들이 찾으러 오지 않을 경우엔 지방자치단체가 3년의 유예기간을 주고 그래도 찾아가지 않으면 심의를 거쳐 화장한 뒤 공동 유골장에 안치한다.

---

2 보건복지부 e하늘장사정보시스템 http://www.kfcpi.or.kr/infoMadang/funeral_info.do?cid=c1425

2 묘지도 관광상품이 되는 나라

파리인의 자부심 페르 라셰즈

파리 시내에 위치한 페르 라셰즈Père Lachaise 공원묘지는 유명인들의 묘소가 많아 추모객과 관광객들 많이 찾는다. 1804년에 문을 연 페르 라셰즈 묘지는 프랑스 건축가 브롱냐르Alexandre Théodore Brongniart가 최초의 정원식 묘지로 설계했으며, 유럽뿐 아니라 미국에서도 관심을 보이며 공원묘지의 시초가 되었다.

1789년 프랑스대혁명 뒤에 나폴레옹은 묘지개혁을 단행하여 도시에 흩어져 있던 묘지를 정리한 뒤 파리시 도시 외곽에 새로운 묘지를 만들었다. 몽파르나스, 몽마르트르, 그리고 페르 라셰즈 언덕에 조성된 묘지가 그것이다.

파리 시는 페르 라셰즈에 유명 정치가나 유명인들을 매장하여 시민들이 찾도록 유도했다. 하지만 음악가 쇼팽, 배우 이브 몽탕 등 한 세대

페르 라셰즈에 있는 쇼팽의 묘.

를 풍미했던 이들이라도 죽은 뒤에 반 평밖에 안 되는 땅에 묻히는 것은 여느 시민과 다를 바 없다. 이것이 바로 프랑스인들의 평등정신이다. 대통령도 마찬가지다. 살아서 한나라의 운명을 좌우했던 인물들도 죽어서는 가족들과 함께 소박하게 묻혀 잠든다. 프랑스 제3공화국 대통령 펠릭스 포르Felix Faure(1841~1899)의 묘도 페르 라셰즈에 있다.

페르 라셰즈 묘지는 박물관으로 지정될 정도로 시민들에게 사랑을 받는 공원이자 관광 명소가 되었다. 언제나 개방되어 있어서 가까운 곳에 사는 주민들은 아무 때나 산책하며 휴식을 즐길 수 있다. 이곳에 있는 묘 가운데 3만여 기는 유물로 등록되어 '박물관 묘지'라고도 불리며 세계 각지에서 매년 2백만 명 이상의 방문객이 찾는다.

프랑스인들에게 묘지는 우리나라처럼 삶의 공간과 분리된 죽음의 공간이 아니라 생활의 한 부분이다. 실제로 페르 라셰즈 공원묘지 주변의 아파트값은 다른 지역보다 훨씬 비싸다고 한다. 이들에게 묘지는 더 이상 기피나 혐오 시설이 아니며 죽은 자와 산 자 모두의 휴식 공간이라 할 수 있다.

죽음교육과 관광에 활용되는 카타콩브 지하묘지

파리에 있는 동굴 무덤인 카타콩브Catacombe는 로마 시대에 지하 채석장의 인공 동굴이 있던 이곳을 1780년 프랑스의 건축가 기요모Charles-Axel Guillaumot가 로마의 지하 무덤을 본딴 지하 유골 저장소로 설계하여 완공하였다. 기존 묘지를 폐지하면서 600여만 기의 묘지에서 나온 연고 없는 유골 800여만 개를 모아 길이 1.7킬로미터의 긴 동굴 양쪽에 마치

카타콩브의 유골들. 1.7킬로미터의 긴 동굴 양쪽에 8백여만 개의 유골을 쌓아 조성한 카타콩브는 세계 여러 나라에서 관광객들이 찾는 명소이다.

장작을 쌓듯 차곡차곡 쌓아 안치했다. 뼈들을 이곳에 모으는데도 100년이 걸렸다고 한다. 제2차 세계대전 때는 레지스탕스의 본거지로 사용되기도 했던 이곳을 시에서 박물관으로 지정해 관광자원으로 활용하고 있다. 파리 한복판의 당페르-로슈로Denfert-Rochereau라는 전철역 부근에 있어 세계 각국에서 많은 관광객들이 찾고 있으며 시내 초등학생들의 필수 견학 코스이기도 하다.

가톨릭의 영향으로 화장이 금기시되던 프랑스에서는 왕과 귀족, 성직자의 시신을 교회와 성당 지하에 묻었다. 일반 시민들도 교회 가까이에 묻히면 천국과도 가까워질 수 있다는 믿음 때문에 교회가 아니면 교회 주변의 정원에라도 묻히기를 원했다. 그렇게 종교시설을 중심으로 묘지가 형성되다 보니 썩은 시신들로부터 각종 유해가스들이 나오고 묘지 면적은 점점 부족해졌다. 프랑스 정부는 도시계획을 통해 묘지 정책을 개혁하고자 했지만 당시 종교계와 귀족들의 완강한 반대로 실패로 돌아가곤 했다.

마침내 1789년 프랑스대혁명 이후 나폴레옹에 의해 묘지 대개혁이 단행된다. 이때 파리의 성당과 병원 등의 부속묘지에 있던 수백만의 유골들을 지하 석회암 동굴인 '카타콩브'에 안치하게 된다. 이 지하 동굴의 유골 앞에는 "당신도 언젠가 이렇게 된다!"라는 경구가 쓰여 있다.

몽파르나스 시민공원

몽파르나스는 파리 시내의 아파트와 빌딩 주변에 조성된 공원묘지이다. 프랑스의 국립묘지라고 할 수 있는 '팡테옹' 다음으로 유명한 묘지이다. 사르트르, 시몬 드 보부아르, 모파상, 생상, 보들레르 등 세계적으로 유명한 프랑스의 유명인들이 이 묘에 잠들어 있기 때문이다.[3] 이곳은 세계대전을 겪으면서 세계에서 모여든 화가, 음악가 등 예술인들과 시인 등 문인들이 모여 살았던 곳으로도 유명하다. 그 시대의 예술가들이 다니던 카페나 레스토랑들이 남아있어 관광객들이 많이 찾고 있다. 매일 많은 방문객들이 이들 예술가들을 기리기 위해 몽파르나스 묘지를 찾아 꽃을 바치며 추모한다.

---

3 박태호, 『세계묘지문화기행』, 서해문집, 2005.

파리 시내 한가운데 있는 몽파르나스 묘지에는 프랑스의 많은 유명 예술인들이 묻혀 있다.

묘지 내에는 도로가 넓게 나 있어서 차량들이 많이 지나다닌다. 묘지라는 생각이 들지 않을 정도로 사람들의 거주공간과 이어져 있다. 묘지를 출입할 수 있는 출입구도 여러 곳으로 나 있어서 시민들은 어느 방향에서든 자유롭게 묘지를 방문할 수 있다.

몽파르나스도 파리의 다른 공원묘지처럼 화려한 조형물과 조각품들로 잘 조성해 놓았고 나무들도 아름답게 가꾸어 놓았다. 파리 시내 한복판에 있지만 시민들의 휴식처를 제공하며 사랑받는 시민공원의 역할을 하고 있다.

파리의 몽마르트르 언덕에 있는 몽마르트르 묘지에는 스탕달, 베를리오즈 등의 묘가 있다.

몽마르트르 묘지

몽마르트르 공원묘지는 파리의 유명한 몽마르트르 언덕에 위치해 있다. 철도가 건설되고서도 묘지를 옮기지 않고 그대로 보존하여 지하철이 공원묘지 위로 가로질러 가는 모습을 볼 수 있다.

화려한 조형물이 많고 조각품이 많은 페르 라세즈와 비슷한 모습이어서 구분하기 어렵다고 얘기하는 사람도 있다. 이곳에도 유명인사와 예술가들이 많이 잠들어 있다. 스탕달, 베를리오즈 등의 묘가 이곳에 있다. 에밀 졸라는 이곳에 묻혀 있다가 프랑스 위인들의 묘지라고 할 수 있는 팡테옹으로 10년 만에 안장되었지만 비석은 그대로 두어 기념물로 보호받고 있다.

프랑스 위인들의 전당 팡테옹

팡테옹Pantheon은 프랑스대혁명 이후에 나라를 빛낸 인물들을 모신 전당으로 사용하여 국립묘지의 역할을 하고 있다. 미라보, 볼테르, 루소, 위고, 졸라 등 프랑스가 낳은 세계적인 문호들과 퀴리 부부 같은 과학

팡테옹은 프랑스의 역사적 위인들을 모신 전당으로 국립묘지의 역할을 하고 있다.

자, 세계 평화를 위해 헌신한 철학자, 정치가 그리고 레지스탕스의 영웅 장 물랭 장군, 앙드레 말로 등이 안장되었다. 팡테온 신전 벽에는 "조국은 그대들에게 감사한다."는 문구가 새겨져 있다.

제4장

남미의 장례문화

[멕시코]

[아르헨티나]

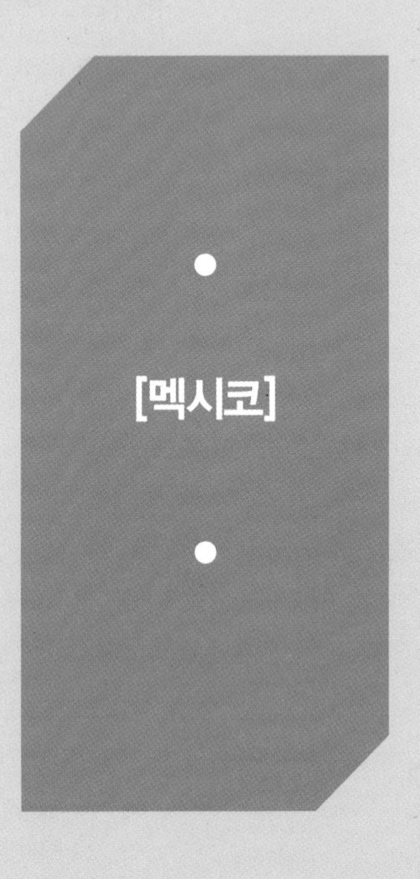
[멕시코]

1 멕시코의 역사와 죽음문화

문화는 한 집단의 사람들이 공통적으로 생각하고 행동하며 살아가는 중에 형성되는 복합적인 생활 방식이라 할 수 있다. 이렇게 문화는 오랜 세월에 걸쳐 새로운 것들이 조금씩 더해지고 더 좋은 방향으로 개선되며 하나의 풍습으로 자리 잡게 된다. 따라서 멕시코의 '죽음문화'를 살펴보려면 멕시코의 역사와 그 안에서 변천된 문화를 파악하는 것이 중요하다.

멕시코는 중앙아메리카에 위치한다. 중앙아메리카는 북아메리카와 남아메리카의 '사이' 또는 '중간'라는 뜻의 단어 '메소meso'를 붙여 메소아메리카Mesoamerica라고 부르기도 한다. 멕시코 원주민의 조상은 기원전 빙하기에 유라시아 대륙의 시베리아와 북아메리카 대륙의 알래스카를 잇는 베링해협을 건너온 시베리아인들로 추정된다. 이후 멕시코의 역사는 올메카Olmeca 문명(BC 1200년경~AD 600년경), 마야Maya 문명(BC

태양의 피라미드(위)와 달의 피라미드(아래)에서는 테오티우아칸 시대에 태양의 신과 달의 신에게 제사 지내기 위해 만든 신전으로 인신공양이 행해지기도 했다.

900년경~AD1500년경), 테오티우아칸Teotihuacan 문명(BC 200년경~AD 600년경) 그리고 기원후의 톨테카Tolteca 문명(800년경~1200년경), 아즈텍Azteca 문명(1300년경~1500년경), 스페인 식민지 시기(1521~1821년) 그리고 멕시코 독립(1821) 이후로 나누어 볼 수 있다.

올메카 문명은 중앙아메리카의 첫 문명으로 평가되며 3미터가 넘는

촘판틀리는 사람을 제물로 바치기 위해 만들어진 제단으로 벽면에 수많은 해골들이 조각되어 있다.

두상을 유적으로 남겼다. 테오티우아칸 시대에는 계획된 도시를 건설하였으며 많은 피라미드를 세우기도 했다. 특히 거대한 '태양의 피라미드'와 '달의 피라미드'는 신에게 제사를 지낼 목적으로 건축하였으며, 이곳에서 신을 위해 사람을 제물로 바치는 인신공양人身供養도 이루어졌다. 당시 제물로 바쳐진 사람들이 지나간 피라미드의 주변의 길은 '죽은 자의 길'로 불리고 있다. 마야문명은 사람이 살기 어려운 열대 밀림 지역에 도시를 세웠으며 문자, 수학, 천문학 및 농업을 발달시켰다. 톨테카 문명은 멕시코의 중앙고원에서 발전하였으며 이후 아즈텍 문명이 이를 계승하였다. 아즈텍 제국은 수도를 테노치티틀란Tenochtitlan(지금의 멕시코시티)에 두고 여러 부족들을 정복하며 강성한 제국을 이루었다. 이 문명 또한 사람을 신의 제물로 바치며 종교적 지배를 강화하였고,

신에게 바친 해골들을 막대로 꿰어 제단인 촘판틀리Tzompantli를 만들었다. 이 해골은 아즈텍인들에게 죽음과 함께 부활을 상징하였다. 그러나 아즈텍 문명을 이끌어 온 신에 대한 절대적 믿음은 스스로를 멸망의 길로 이끌게 된다. 아즈텍 문명의 사람들은 스페인에서 건너온 에르난 코르테스와 수백 명의 군대를 예언에 나오는 창조의 신인 케찰코아틀Quetzalcuatl로 믿고 따르다가 이들에게 허망하게 멸망당하고 만 것이다. 이후 아즈텍 제국은 1521년부터 스페인의 식민지 통치를 받으며 1821년 독립할 때까지 약 300여 년 동안 약탈과 핍박을 받으며 지내게 된다.

이 기간에 유럽에서 건너온 가톨릭이 널리 퍼졌으며 스페인 정착민과 원주민의 혼혈인 메스티소Mestizo가 나타나게 되었다. 멕시코의 독립은 미겔 이달고 이 코스티야Miguel Hidalgo y Costilla 신부의 '돌로레스의 부르짖음(Grito de Dolores)'이 계기가 되었으며, 독립 뒤에는 멕시코 공화국을 설립하고 대통령을 선출했다. 이후 텍사스 주를 둘러싸고 미국과의 갈등과 전쟁을 벌인 끝에 텍사스, 캘리포니아, 네바다, 유타, 애리조나, 콜로라도, 와이오밍 지역을 미국에 넘겨주며 현재의 영토가 확립되었다.

현재에는 멕시코 인구의 60%가 메스티소로 구성되어 있다. 인구의 89%가 가톨릭을 믿고 있으며, 약 6%가 기독교를, 그 외에는 샤머니즘 등의 여타 종교를 섬기고 있다. 그러나 멕시코 가톨릭의 경우도 원주민의 영향으로 토착화된 측면이 있다. 그 예로 과달루페 대성당에 있는 성모마리아의 그림은 머리카락을 검은색으로, 피부색은 구릿빛으로 그려 성모마리아를 원주민의 모습으로 표현하고 있다.

멕시코시티의 과달루페 성당에 있는 성모마리아 그림은 검은 머리카락과 구리빛 피부색으로 멕시코 원주민의 모습으로 묘사되었다.

또 멕시코 사람들은 삶에서 춤과 음악을 매우 중요하게 여긴다. 그래서 삶에서 중요한 순간인 출생, 세례, 결혼, 장례 등의 현장에는 어김없이 챙이 넓은 모자인 솜브레로Sombrero와 전통 복장인 판초Poncho를 갖추고 마리아치Mariachi 악단이 민속음악을 연주한다. 이러한 전통을 중요한 유산으로 보고 유네스코UNESCO는 2011년에 마리아치 음악을 세계 무형문화유산으로 등재했다.

2 아즈텍 문화의 전통 장례의식

아즈텍Azteca이란 단어는 중앙아메리카의 토착어인 나우아틀 nãhuatl의 말로 '아스틀란의 사람'이란 뜻이다. 아스틀란은 아즈텍 사람들이 조상들의 땅으로 여기는 미지의 도시 이름이다. 아즈텍인들의 생활은 종교 그 자체였다. 따라서 삶과 죽음 그리고 사후세계에 대한 그들만의 문화와 의식들이 많이 존재했다.

아즈텍 사람들은 인간이 살고 있는 현세를 천상세계와 지하세계로 구분하고, 그 두 세계 사이에 인간이 거주한다는 세계관을 가지고 있었다. 그들에게 현세는 천상세계와 지하세계가 연결되어 유기적으로 함께 움직이는 공간이었다. 시간적으로는 천상의 신과 지하의 신이 낮과 밤이라는 시간을 돌아가며 지배하고 이것이 주기적인 사건으로 반복되는 것으로 믿었다. 따라서 이들의 세계관은 과거를 통해 미래를 보는 예언적 속성도 가지고 있었다.

그들 문화에서 죽음은 아주 흔하고 일상적인 것이었다. 신에게 바칠 희생자를 확보하는 것이 아즈텍 문화에서 큰 부분을 차지하고 있었기 때문에 죽음은 전사나 희생자 모두에게 큰 영광으로 받아들여졌다. 이들이 죽음을 쉽게 받아들인 것은 삶이 매우 짧고 보잘것없는 것이라는 생각을 하고 있었기 때문이다. 그들에게 삶이란 사후세계에서 어떤 대접을 받을지 결정하는 요인으로 받아들여졌으며, 사후세계는 주로 종교와 신의 뜻에 의해 결정되는 것이었다.

아즈텍 사람들에게 죽음은 신들의 결정에 좌우되는 불가항력의 사건으로, 신이 인간을 선택하여 죽은 뒤 신하나 시종으로 쓰기 위함이었다. 예를 들어 태양의 신은 자기 마음에 드는 전사를 전쟁터에서 죽게 만든 뒤 자신의 전사로 만든다. 술의 신은 술을 마시는 사람 중 마음에 드는 이를 취하게 하여 자신의 세계로 데려간다. 간통의 신도 마찬가지다. 마음에 드는 인간을 간통하게 만들고 간통죄로 죽임을 당하게 한 뒤 그를 데려간다.[1] 그들의 사후세계는 크게 천상세계, 유모 나무세계, 지상천국, 지하세계 중 한 곳으로 정해졌는데, 신의 선택에 의해 죽었는지, 늙어 자연사했는지, 생전에 어떤 직업을 가지고 있었는지 등에 따라 나뉘어졌다.

이런 죽음의 문화가 정치권력과 연결되면 거대한 죽음의 장이 만들어지기도 했다. 소위 '꽃의 전쟁'이라고 알려진, 전쟁을 통한 영토의 확장이 목적이 아닌 신에게 바칠 피와 심장을 얻기 위한 부족 간의 전쟁

---

1 이종덕, 『아즈텍 문명의 장례문화』, 덕성여자대학교 인문과학연구 9권, 2005.

피의 의식을 치르는 아즈텍 신전 그림(작자미상). 아즈텍 시대에는 5만 명이나 되는 사람들을 의식의 제물로 삼았을 만큼 죽음을 삶의 한가운데 두었다.

이 벌어졌고 이로 인해 아즈텍 문명의 가장 잔혹한 '피의 의식'이라는 문화가 만들어지기도 했다.

피의 의식은 그림처럼 흑요석으로 만든 칼로 1년에 5만 명이나 되는 사람들을 제물로 죽였을 만큼 죽음을 삶의 한가운데 두었다. 1년에 5만 명을 죽였다는 것은 실제로 10분에 한 명꼴 정도로 많은 사람을 죽였다는 얘기다. 그들은 의도적으로 전쟁을 일으키고 많은 사람들을 감옥에 넣고 제물로 삼았다. 아즈텍 사람들은 죽임을 당하는 사람들에게 "오, 사랑하는 내 아들이여!"라고 말했고 그 대답은 "오, 내가 존경하는 아버지시여!"였다. 이들은 사람의 가슴을 열어 심장을 도려낸 뒤 신에게 바치고 목을 잘라 희생 의식을 치렀다. 어떤 신이냐에 따라 창으로 찔러 죽이거나, 결투의식을 통해 몽둥이로 죽이거나 했다. 제물을 불 속에 넣었다 꺼내는 일을 반복하여 바싹 구워지면 그때 심장을 꺼내 신에게 올리기도 했다.

3 오늘날 멕시코의 장례문화

오늘날 멕시코의 장례문화는 가톨릭 문화와 뒤섞이긴 했지만 많은 부분 아즈텍의 죽음관을 바탕으로 하고 있다. 다른 나라에서와 마찬가지로 멕시코에서도 사람이 죽으면 나이 많은 노인들로 구성된 전문 직업인들이 이를 처리한다. 죽은 사람은 직업에 따라 수의가 다른데, 군인의 경우 전쟁의 신, 술에 취해 죽은 사람은 술의 신, 물에 빠져 죽은 사람은 비의 신, 간통죄로 죽은 사람은 간통의 신에게로 가기 위한 수의를 입힌다.[2] 사후세계에서 담당할 직업과 상태에 맞게 수의를 준비하는 것이다. 멕시코에서는 시신을 특수한 종이로 싸서 염을 하는데, 머리에 물을 뿌리고 무릎을 가슴에 붙인 상태에서 화장을 한다. 이 자세는 어머니의 자궁 속으로 되돌아감을 의미한다.

---

2 이종덕, 「아즈텍 문명의 장례문화」, 덕성여자대학교 『인문과학연구』 9권. 2005.

장례의식은 대개 4일 밤낮에 걸쳐 계속된다. 멕시코에서는 아즈텍의 전통에 따라 죽은 이를 잘 씻겨준 뒤 입 속에 돌을 넣는다. 돌은 심장을 상징하며 심장은 영혼이 머무는 곳이다, 왕과 귀족은 녹색 옥돌을 입 속에 넣었다. 오늘날도 신분이 높은 사람들은 예전과 같이 옥색 돌을 입 속에 넣어 염을 한다. 평민은 흑요석이나 비싸지 않은 돌을 입에 넣는다. 화장한 뒤에 돌을 수거하여 태어날 때 잘라둔 머리카락과 죽은 뒤 잘라낸 머리카락과 함께 항아리에 넣고 묻는다. 만약 죽은 이가 중요한 인물이면 지하세계로 가는 것을 도와줄 붉은 개를 함께 화장한다. 과거에는 지배자가 죽으면 많은 사람들을 죽음의 동행자로 삼았다. 이때 희생자가 된 사람의 심장은 불태워 재로 만든 뒤 항아리에 함께 매장했다. 최근 발견된 멕시코시티의 템플로 마요르 사원에서는 여성 유골을 둘러싸고 있는 1,789개의 유골 더미가 발굴되기도 했다.

일반적으로 멕시코에서는 가족들이 음식과 꽃을 제물로 바치고 기도를 드리는 것으로 장례식을 치른다. 장례식은 친인척들이 방문하여 조문하는 가운데 4일 동안 밤낮으로 진행된다. 마지막 날 시신을 매장하기 전 장례의식을 관장하는 노인 중 하나가 고인에게 다음과 같은 마지막 말을 건넨다.

> "아! 당신은 이 세상의 온갖 풍상을 다 겪었구려. 이제 신께서 당신을 데려가려하고, 우리는 이 세상에서 영원한 삶을 누릴 수가 없소이다. 우리의 삶은 짧지요. 우리의 신께서 당신과 내가 이 지상 세계에서 서로 만나 이야기를 나누게 했구려. 이제 신들께서 당

신을 데려가려 하는구려. 벌써 당신을 신의 세계로 모셔 갔구려. 우리 모두는 그 세계로 떠나야 하오. 그곳에서 당신은 지상세계의 일들을 하나도 기억하지 못할 것이오. 이제 당신은 빛도 없고 창도 없는 그 어두침침한 곳으로 떠났구려. 더 이상 돌아올 수도, 그 곳에서 나올 수도 없구려. 다시 이 세상으로 돌아오라 간청한들 아무 소용이 없구려."[3]

신의 선택을 받은 사람들은 바로 지상천국이나 천상으로 가지만 그렇지 않은 사람들은 4년에 걸쳐 지하세계로 가는 9개의 고난을 이겨내야 한다. 아즈텍 벽화에서 나와 있는 그림을 통해 보면, 먼저 서로 싸우는 두 개의 산을 지나 뱀이 지키고 있는 길을 무사히 지나야 하고 녹색 도마뱀이 있는 곳을 통과해야 한다. 이후 8개의 황무지와 높이 솟은 수많은 산들을 지나고 8개의 언덕을 통과해 칼바람이 부는 곳에 이른다. 이곳을 지나면 큰 강이 흐르고 태양을 경배하기 위한 신전이 우뚝 선 곳이 있다. 이 강을 건너야만 죽은 자는 태양신이 관장하는 제9지옥에 최종적으로 도착할 수 있다. 아스텍 신화에서 죽은 자가 붉은 개를 동반하는 것은 마지막 강을 건널 때 이 개가 필요하기 때문이다. 아즈텍인들의 믿음에서 이 개들은 강의 건너편에 있다가 망자가 나타나면 주인을 알아보고 헤엄쳐 와 강을 건너는 걸 도와준다. 이렇게 여행을 잘 마친 사람들은 단 한번 현생의 집에 와 머물 수 있었는데, 그날이 바

3 Fray Bernardino de Sahagún, Historia general de las cosas de Nueva España(1793); 한국외국어대학교종합연, 『세계의 장례문화』(2005) 중 「아즈텍 문명의 장례문화」에서 재인용.

로 11월 초라고 한다. 유족들은 이들 영혼이 용기를 얻을 수 있도록 그들이 생전에 좋아했던 음식을 준비한다. 가톨릭은 스페인 정복 이전부터 내려오던 전통들을 유지하면서 11월 1일을 '성인들을 위한 날Dia de Todos los Santos'로, 2일을 '죽은 신자들의 날Dia de los Fieles Difuntos'로 불렀으며, 이 기간을 합해 '죽은 자들의 날'로 정해 기념하기 시작하였다.

멕시코에서는 입에 돌을 넣고 화장한 뒤 태어날 때와 죽은 뒤 잘라둔 머리카락을 함께 항아리에 넣고 매장한다. 그리고 4일 동안 음식과 꽃 등의 제물을 봉헌한다. 사망한 날로부터 80일 째가 되면 죽은 이의 물건들을 태우고 4년이 될 때까지 매년 남은 물건들을 태운다. 4주년의 의식이 끝나면 최종적으로 장례의식은 끝나게 된다. 물론 권력자나 주요 인물들은 더 길고 복잡한 의식을 행한다. 이런 장례의식이 종교나 공동체 문화와 연결되면서 '죽은 자들의 날'과 같은 문화를 만들어냈을 것으로 추정한다. 각 가정이나 마을 공동체의 신전에 보관된 조상의 유골을 기리고 숭배하는 의식이 이어지고 가톨릭의 종교 의식과 합쳐져 멕시코의 독특한 장례의식이 생겨난 것이다. 전통적으로 멕시코인들은 이런 의식을 통해 조상의 업적과 명예를 기렸으며, 유골에서 나오는 영적인 힘을 빌어 후손들의 안녕을 기원했다.[4]

아즈텍인들에게 죽음과 장례의식은 지상에 머물던 인간을 자기 근원으로 돌려보내고 지상세계를 천상세계나 지하세계와 연결시키려는 행위였다. 그들은 이렇게 화장을 통해 인간을 자연으로 되돌린 뒤 어머

4 이종덕, 「아즈텍 문명의 장례문화」, 덕성여자대학교 『인문과학연구』 9권. 2005.

니의 품에서 9달 동안 자라 세상으로 돌아오는 순환의 세계관을 그렸다. 그리고 탄생과 죽음은 이런 순환을 연결하는 고리였다.

아즈텍 왕조는 오래 전에 사라졌지만 완전히 사라진 것이 아니었다. 멕시코 사람들은 지금도 자신들의 선조가 아즈텍인들이라고 주장한다. 스페인 정복에 의해 가톨릭 문화가 섞이고 변형되었지만, 그 문화적 뿌리는 영혼을 달래고 추모하는 아즈텍인들의 세계관이다. 이렇게 아즈텍의 문화는 죽지 않고 멕시코인들의 세계관으로 환생하여 우리의 시대에 다시 태어나게 되었다.

산타폴라 판테온 공원묘지

멕시코 제2의 도시라 불리는 과달라하라Guadalajara에는 1848년 세워진 공동묘지 산타 폴라 판테온Santa Paula Pantheon이 있다. 이곳에는 호세 후스토 코로 대통령을 비롯한 많은 유명인이 안장되어 있다.

멕시코는 마을마다 공동묘지를 운영하는 형태이므로 유명한 묘지는 잘 조사되지 않는다. 다만 미초아칸Michoacán 지역 파츠콰로Pátzcuaro 호수, 파칸다Pacanda라는 작은 섬에 공동묘지가 몰려있어 사람들이 많이 이용한다. 최근에는 화장 방식도 많이 활용되고 있다.

4 멕시코의 전통 명절 죽은 자들의 날

'죽은 자들의 날'은 누구나 한 번쯤 들어 보았을 만큼 유명한 멕시코의 전통 명절이다. 매년 겨울이 시작되는 11월 1일과 2일이면 멕시코 사람들은 각양각색의 해골모양 분장을 하고 '화려한' 죽음의 의상들을 한 채 거리를 누빈다. 가족들이 한자리에 모여 죽은 사람들을 위한 의식을 행하는 것은 우리나라의 제사와도 비슷하다. 멕시코 전통문화 속에서도 죽은 자들은 1년에 한 번씩 가족이나 친구들을 만나기 위해서 이승으로 찾아온다. 하지만 동양의 제례의식과 달리 '죽은 자들의 날'은 일종의 축제처럼 치러진다. 멕시코 사람들은 집이나 의미 있는 장소에 죽은 자들을 기리는 제단을 마련하고 고인의 사진과 함께 가톨릭 성인의 그림, 예쁘게 오린 형형색색의 종이와 꽃들로 장식한다. 여기에 옥수수 가루로 만든 타말tamal 빵과 토르티야tortilla에 고기, 치즈 등을 넣어 구운 엔칠라다enchilada 등의 음식을 내놓으며 특별히 '죽은 자의 빵'

멕시코에서는 죽은 자들의 날이 되면 가족과 친지들은 묘지에 찾아가 꽃과 초로 무덤을 장식하고 음식을 차려 죽은 이를 기린다.

도 바친다. 음식은 뜨거운 것으로 준비한다. 음식에서 향이나 맛이 사라지면 죽은 영혼들이 찾아와서 먹고 간 것으로 여겼다. 이후에 사람들은 가족들이 묻혀 있는 묘지를 찾아가 청소를 하고 꽃을 붙이고 묘지를 치장하고 촛불을 켜 놓는다.

참고문헌

- 국립민속박물관, 「멕시코 한인동포들의 생활문화」, 『국립민속박물관 학술총서』 41, 2004.
- 김세건, 『우리는 빠창게로–멕시코 사람들의 축제와 의례』, 지식산업사, 1997.
- 정혜주, 『멕시코시티 아스테카문명을 찾아서』, 살림, 2004.
- 다빈치 축제 편집팀, 『세계 축제 100』, 다빈치, 2016
- 류정아 외, 『세계의 축제 · 기념일 백과』 중 '죽은 자들의 날', 다빈치출판사 https://terms.naver.com/entry.nhn?docId=2175873&cid=42836&categoryId=42836

[아르헨티나]

1 아르헨티나 장례식의 특징

아르헨티나의 장례는 사망 뒤 24시간 안에 치러지는 것이 특징이다. 병원에서 사망하는 경우엔 의사의 사망 진단서가 발부되고 나서 대개 그 다음날 장례를 치른다. 24시간 이내에 장례를 치르는 것은 날씨가 무더워 시신의 부패를 방지하기 위한 것으로 보인다. 집에서 임종하는 경우엔 사망의 원인을 알기 위해 부검을 해야 하기 때문에 24시간 안에 장례를 치르지 못하게 된다.

대부분의 국민이 가톨릭 신자인 아르헨티나에서는 주로 매장을 한다. 납골당에 시신을 안치할 경우에도 시신 전체를 방부 처리한 다음 납으로 봉인하여 관 속에 안치하는 방식을 많이 쓴다. 하지만 최근 교황 요한 바오로 2세가 화장을 축복한 뒤에는 화장에 대한 선입견이 없어졌으며 보다 편리하고 비용이 적게 드는 화장을 선호하게 되었다.

가톨릭을 믿는 사람이 많은 아르헨티나에서는 종교적 방식으로 장례를 치른다. 하지만 다른 가톨릭 나라들에 비해 특이한 점은 장례식 중에 박수를 많이 친다는 점이다. 장례식에서 유족 한 사람이 고인의 생애를 소개하면 고인의 업적 중 좋은 내용이 나올 때마다 아낌없이 박수를 친다.[5] 매장할 때에도 절차상의 여러 과정에서 자발적으로 박수를 친다. 장례행렬이나 장례차량이 지나갈 때에도 누구의 장례식인지 알게 되면 하던 일을 멈추고 박수를 친다. 이런 박수는 두 가지 의미가 있다. 첫째는 힘든 삶을 남들을 배려하며 열심히 산 사람에 대한 칭찬과 격려이다. 둘째는 좋은 곳으로 가게 되었음을 축하하는 것이다. 특히, 고인이 가난한 사람을 돌보았거나 사회정의를 위해 힘썼던 사람이라면 더 그렇다. 때로 운구 행렬 중 길 양쪽에 선 시민들의 박수 소리를 고인에게 들려주기 위해 운구차량의 진행을 잠시 멈추기도 한다.

가난한 서민들은 대부분 공동묘지에 묻히며 연고가 없는 사람들도 공동묘지에 묻힌다. 하지만 중류 가정 이상의 사람들은 보통 공원묘지를 택한다. 공원묘지는 장소나 시설에 따라 가격이 천차만별이다.

5 보건복지부 e하늘 장사정보시스템 http://www.ehaneul.go.kr/portal/index.do

2 레콜레타 묘지공원

1882년에 만들어진 레콜레타 묘지공원La Recoleta Cemetery은 부에노스아이레스에서 가장 유명한 장소다. CNN이 선정한 '세계에서 가장 아름다운 묘지 Top10'에도 들어갈 만큼 조각과 전통 장식으로 꾸며진 예술적인 아름다움이 돋보인다. 노벨상 수상자 5명, 역대 대통령 13명과 함께 독립 유공자, 정치인, 군인, 예술가, 운동선수 등이 잠들어 있다.[6] 우리나라의 국립 현충원과도 비슷한 곳이지만 국가유공자뿐만 아니라 정치인, 예술가, 운동선수 등의 유명인사들이 묻혀있는 것이 특징이다. 페론 대통령의 부인이었던 에바 페론Eva Peron의 묘소 앞에는 늘 많은 참배객이 꽃을 들고 찾아온다.

이곳은 죽은 자들을 위한 묘지라기보다는 아름다운 예술품들을 전

6 보건복지부 e하늘 장사정보시스템 http://www.ehaneul.go.kr/portal/index.do

부에노스아이레스에 있는 레콜레타 묘지공원은 대리석으로 만든 조형물과 화려한 조각품들로 꾸며져 예술적인 아름다움이 돋보인다.

시하는 박물관 같은 느낌이다. 대리석으로 만든 조형물과 화려한 조각품들 사이에 묘지가 놓여있는 공원묘지를 방문한 관광객은 레콜레타 묘지공원의 장엄함에 압도된다. 옛날 이곳은 레콜레타 수도회 수도승들이 채소를 키우던 정원이었지만 1822년에 묘지공원으로 탈바꿈했다. 뒤에 아름다운 조각품과 다양한 양식의 건축물들이 세워지면서 유명해지고 방문객들도 많아졌다. 묘지는 죽은 자들의 집이다. 간결한 집들도 있지만 살아있을 때처럼 아름답게 가꾸어 놓은 집도 있다. 죽은 후에도 삶에서 누렸던 부와 명예는 지속되고 있는 듯한 모습이다.

제5장

아프리카와 오세아니아의 장례문화

[아프리카]

[뉴질랜드]

[아프리카]

1 공동체와 슬픔을 나누는 아프리카의 장례 문화

전통을 따르는 삶을 사는 아프리카인은 태어나기 전부터 죽은 뒤까지 종교적인 삶이 연장된다. 아프리카의 전통 종교관인 애니미즘에 따라 아프리카인들은 초자연적인 영혼의 실체를 믿으며, 자신들의 모든 행위를 종교적 의미와 맥락에서 경험하고 이해한다. 자신들만의 독특한 시간 개념과 영혼관을 가지고 있는 아프리카인들은 죽은 뒤에도 여전히 삶이 이어진다고 믿으며 죽고 난 뒤에는 조상들이 있는 세계로 긴 여행을 떠난다고 생각한다. 장례의식에는 보통 춤이 등장한다. 춤은 단순히 부족 구성원을 결속시킬 뿐만 아니라 신체와 영혼을 결부시켜 자연과의 합일을 이루는 것에 목적이 있기 때문이다. 아프리카에서는 춤을 통해 신의 세계에 다가가고 삶과 죽음을 초월한 육체와 우주의 합일에 이르기를 희망한다. 또한 장례식을 거행하지 않으면 남아 있는 후손들에게 나쁜 영향이 돌아갈 수 있다고 생각해 다양한 장례와 제사 의식을 발전시켰다.

오늘날엔 아프리카의 많은 사람이 도시에 살게 되었으며 기독교, 이슬람교 등 외래 종교를 받아들였기 때문에 장례 풍속도 변화하고 있다. 그럼에도 아직 대부분의 아프리카 사람들이 죽은 뒤에 고향에 묻히길 원한다. 그래서 도시에서 사람이 죽으면 간단한 의식을 치른 뒤에 고향으로 돌아가 전통적인 방식으로 장례를 치르는 경우가 많다.

부르키나파소 부족들의 장례식

아프리카 대륙의 서부에 위치한 내륙국가 부르키나파소의 정식 명칭은 부르키나파소 민주공화국이다. 1984년 독립하기 전까지는 오트볼타 공화국으로 불렸으며 수도는 와가두구다.

부르키나파소의 티에포족은 장례식에서 전통 노래를 함께 부른다. 장례식뿐 아니라 출산, 성인식, 결혼과 관련해서도 각각의 전통 노래가 있다. 이 노래들은 단문으로 구성되어 있으며, 선창자가 부르면 집단이 따라 부르는 형식을 취한다. 특히 알라신과의 소통을 전제로 하는 이 노래들은 한 곡을 여러 번 반복해서 부르는 것이 특징이다.

티에포족은 노래를 통해 신과 소통할 수 있다고 믿는다. 죽음을 위한 노래 한 구절을 살펴보면, “사람들을 하나로 묶었던 자가 죽었다. 사람이 묶은 빗자루에 실이 잘렸네.”라는 가사가 있다. 죽음을 빗자루의 실이 끊어진 것으로 표현함으로써 한 사람의 죽음으로 공동체가 무너질 수도 있음을 이야기하고 있다. 인간의 죽음이 사회의 변동을 야기하고 전통의 상실을 가져오지만, 거꾸로 노래를 통해 종족의 결속과 정체성 강화를 가져올 수도 있음을 얘기하는 것이다. 이처럼 죽음의 노래는 죽음의 세속적인 의미와 성스러운 의미를 모두 표현한다. 티에포족은 장례식 7일째가 되는 날에 술을 준비하고 염소와 닭을 죽여 망자의 길에 동반자로 삼는다. 고인이 죽어서 조상이 머무르는 곳으로 간다고 믿기에 그 길을 갈 때 외롭지 않게 하기 위함이다.

부르키나파소의 구르마족은 목화 재배가 주 생계 수단이다. 구르마족은 누군가가 죽으면 이삼 개월 동안 애도 기간을 갖고 밤마다 마을 사람들이 모여 춤을 추고 노래한다. 장례식에서는 특별한 애도사를 낭송하는데, 이 애도사를 낭송함으로써 죽은 자가 편안히 죽음의 세계로 갈 수 있다고 믿었다. 그래서인지 구르마족은 어떤 부족보다도 결속력이 강하다.

케냐 부족들의 장례식

케냐는 아프리카 동부에 있는 나라로 정식 명칭은 케냐 공화국이다. 수도인 나이로비는 아프리카에서 가장 활기 있는 대도시로 알려져 있다. 케냐의 부족은 40여개로 분류되며, 최대 부족은 키쿠유족이다. 그 외에 루야족, 루오족, 칼렌진족, 캄바족, 키시족, 메루족 등이 있고 우리에게 많이 알려진 마사이 부족도 있다. 케냐에 흩어져 살고 있는 각 부족들은 제각기 특색 있는 장례문화를 간직하고 있다.

케냐에서 가장 큰 비중을 차지하는 키쿠유족은 사람이 죽으면 일주일 동안 장례를 치른다. 하객들은 마음속의 슬픔을 울음으로 표현하며 소박한 음식을 준비하고 경건한 예식을 거행한다. 장례식 기간 동안에

루오 부족의 장례식이 화려한 것은 장례식이 호화로울수록 고인이 훌륭한 사람이었음을 보여주기 때문이다.

는 큰 소리로 웃지 않으며 고인이 사용하던 장신구 등을 시신에 채워 함께 매장하기도 한다.

루오 부족의 장례식은 화려하다. 장례식이 호화스럽게 거행될수록 고인이 훌륭한 사람이었음을 나타내기 때문이다. 상주는 악단을 불러 떠들썩하게 음악을 연주하고 많은 돈을 들여 비싼 음식을 준비함으로써 장례식을 축제로 만든다. 때로는 더 화려한 분위기를 연출하기 위해 전문적으로 울어주는 사람들을 고용하기도 한다. 고인이 사망하면 바로 장례를 치르지 않고 약 이삼 주 뒤에 장례식을 거행하는데, 가족들은 그 사이에 날짜와 장소, 비용, 규모, 관과 묘지 등에 대해 의논한다. 장례식은 이틀에 걸쳐 진행된다. 사람이 많이 모일수록 고인의 명예를 드높이는 것으로 여긴다. 참석자들은 자신만의 방법으로 슬픔을 표현하며 고인의 죽음을 애도한다. 이렇게 슬픔을 표현한 뒤에는 즐거운 분위기를 만들기 위해 음악을 연주하고, 노래하고 춤을 추며 고급스런 음식을 함께 나눈다. 밤새도록 떠들썩한 장례식을 치르고 마지막 날 아침에 고인을 매장하면 장례식은 마무리된다.

칼렌진 부족은 죽음을 가족에게 일어날 수 있는 가장 큰 불운이나 악으로 간주한다. 이들에게 죽음은 깊은 슬픔이며 동시에 공포이기도 하다. 사체를 더러운 것으로 보고 혐오하기 때문에 사체와의 접촉을 꺼린다. 때문에 사체는 가능한 빠른 시간 안에 매장한다. 가족의 우두머리인 남자는 존경의 표시로 가축과 가족 농가를 보호하기 위해 지은 울타리인 '보마Boma(또는 Kraal로도 잘 알려짐)'의 중앙에 묻히고 여성은 보마의 가장자리에 묻힌다. 또 칼렌진족은 사체의 몸에 부착된 옷이나 장식을 모두 제거한 채 완전한 나체의 상태로 매장한다. 살아있을 때 지녔던 모든 물건들을 제거하는 것은 이제 생명에서 분리되었음을 의미한다. 매장은 아침이나 오후 중반에 한다. 시신을 매장한 뒤에 가족들은 모든 장신구를 몸에서 제거하고 3일 동안 아무 일도 하지 않는다. 그리고 4일째 아침이 되면 깨끗이 면도를 하고 소를 잡아 고기를 먹은 뒤 모두 흩어진다.

케냐의 루야족은 케냐 남서부 지역에 거주하는 농경민이다. 이들의 장례식은 죽음을 맞기 전부터 시작된다. 먼저 죽음에 임박한 사람의 집에 가족과 조문객들이 모여 염소를 잡아 나누어 먹는다. 이것은 죽음을 앞 둔 사람이 살아있는 사람에게 주는 마지막 선물이다. 사람이 죽으면 주위 사람들은 통곡을 시작한다. 시신은 가죽으로 싸 집 밖에 안치되는데, 죽은 사람의 지위에 따라 가죽이 달라지고 높은 지위일 경우는 표범 가죽을 사용하기도 한다. 조문객들은 함께 식사를 하고 밤새 악기를 연주하고 춤을 추어 죽은 이의 영혼과 유가족들을 위로한다. 매장은 보통 이른 오후에 하지만 특별한 사람의 경우엔 해질녘에 한다. 시신의 머리는 서쪽으로 향하게 하며 칼렌진족과 마찬가지로 아무것도 입히지 않은 채 시체를 묻는다. 나체로 시신을 묻는 것은 죽은 이가 내세에서 새롭게 탄생하길 기원하는 마음에서다.

2 춤과 노래가 어우러진 아프리카의 장례문화

말리 부족들의 장례식

아프리카 서부 니젤강 유역의 넓은 평원에 위치한 내륙국 말리는 아프리카에서도 가장 빈곤한 나라로 꼽힌다. 정식 명칭은 말리 공화국이고 수도는 바마코이다. 아프리카 원주민이 대부분을 차지하며, 밤바라족, 펄족, 도알그족, 드공족, 도곤족 등이 산다.

말리에서는 부락민이 사망하면 그 지역의 주민이 모두 모여 성대한 장례식를 거행한다. 말리에서는 정령숭배가 성행하고 부족단위의 장례가 행해지고 있다. 시신은 사람들이 사는 곳에서 멀리 떨어진 장소에 매장한다. 장례는 수일간 계속되며, 죽은 영혼을 두려워하여 주술사에 의한 기도가 행해지기도 한다.

사막의 용사라고 불리는 도알그족은 사막을 이동하다 사람이 사망하면 그대로 사막에 묻기도 한다. 드공족의 장례는 참석자들에게 장엄한 가면을 씌우고 군무를 추는 피로연을 벌이는 것으로 유명하다. 사후에는 고인의 영혼과 활력이 육체로부터 분리되어 불안정한 상태에 있다고 믿기 때문에 영혼을 고인의 집에 묶어두기 위해서다. 이들의 장례는 먼저 죽음을 애도하고 사후세계로 영혼을 보내는 단계와, 고인을 조령祖靈으로 전화轉化시켜 새로운 사회관계를 맺는 단계로 진행된다. 이러한 이중 장례의 관습은 일본의 가까운 친척끼리 모여 조용히 장례식을 치른 뒤에 부고를 알려 다시 고별식을 치르는 장례 방식에서도 발견할 수 있다.

서아프리카 말리에 사는 소수 민족인 도곤족은 장례를 세 번 치른다. 첫 번째 단계의 장례는 고인을 절벽 위의 가장 높은 곳에 위치한 굴 속에 안치하는 것이고, 두 번째와 세 번째 단계의 장례는 축제를 벌이는 것이다. 도곤족의 장례 축제는 공포탄을 쏘고 춤을 추며 가상의 전쟁을 벌이고, 부족 설화와 전설에 등장하는 인물들의 가면을 만들어 마을을 돌며 춤을 추는 것으로 진행된다. 이는 죽은 이를 애도하고 마을에 남아 떠돌고 있을지도 모르는 영혼들을 저승으로 쫓아내기 위한 의식이다. 이때 신에게 바치는 염소는 도곤족의 축제 음식이다. 도곤족의 장례 축제에는 사제가 따로 있어 절차를 관장한다.

도곤족 문화의 핵심은 자신들의 조상이라 여기는 놈모의 숭배이다. 장례 행사는 그중에서도 매우 중요한 부분을 차지한다. 가면을 쓰는 것은 가면이 제한된 인간의 상황에서 벗어나 신의 세계로 들어가는 수단이라고 믿기 때문이다. 가면의 눈을 통해 인간이 볼 수 없는 신의 세계를 볼 수 있으며 이를 통해 죽은 자의 영혼을 신의 세계로 인도할 수 있

도곤족 사람들은 가면을 쓰거나 장대 위에 올라가 춤을 춤으로써 죽은 자의 영혼이 신의 세계에 이르기를 기원한다.

다고 믿는다.

부락마다 가면과 의상에 차이가 있다. 춤은 공중으로 높이 뛰거나 높은 장대와 함께 걸으며 춘다. 높은 곳에서 춤을 추어야 죽은 자의 영혼이 신의 세계에 이를 수 있다고 생각하는 것이다. 이 의식은 시간과 비용이 많이 들기 때문에 오늘날엔 주로 관광객을 위한 행사로만 진행된다.

가면 춤은 장례식뿐만 아니라 연례 축제 때도 춘다. 많은 문화인류학자들이 가면을 쓰고 추는 도곤족의 춤에 매료되어 이 문화를 연구하게 되었다고 말할 정도로 도곤족의 춤은 독특하다. 설화와 전설에 등장하는 인물들을 주제로 만든 약 70여 종의 가면들이 있는데, 이것을 쓰고 마을을 돌며 춤을 춘다. 그중에서도 사팀베 가면은 장례식과 죽은 이들을 기리는 의식에 주로 등장한다. 마스크 위쪽에는 여자 조각상이 팔을 벌리고 있는데 여러 가면 중 유일한 여자 형상의 마스크라는 것을 보여준다. 사팀베 가면이 등장할 때에 제례에 참석한 사람들은 보리 맥주를 나누어 마시는데, 마시는 맥주가 소변으로 배설되어 흙으로 돌아가는 것을 통해 자연이 영원히 순환한다고 믿기 때문이다.

가나 부족들의 장례식

가나는 서아프리카의 국가로 정식 명칭은 가나 공화국이다. 수도는 아크라이며 인구는 2천6백만 명 정도다. 가나 주변의 국가들은 모두 프랑스의 식민 지배를 받은 반면 가나만 영어권 국가로 남아있다. 종교도 주변 국가들의 다수가 이슬람인 것과는 대조적으로 기독교가 다수를 이룬다.

가나에서는 시신을 매장할 때까지 짧게는 며칠 길게는 몇 달 동안 시신을 병원 영안실에 보관한다. 그리고 적당한 날짜를 잡으면 고인의 시신을 꺼내어 장례를 치른 뒤 매장한다. 매장 당일에 장례의식을 거행하는 대부분의 아프리카 국가들과 달리 매장 뒤 수년이 지난 뒤에야 장례식을 거행하기도 한다. 화장 설비는 따로 갖추어져 있지 않고 거의 토장으로 장례를 치른다.

사망에서 장례식까지 오랜 기간이 걸리는 것은 두 가지 이유에서다. 첫째로 가나에서는 유족들이 모두 모일 수 있는 날 장례식을 치러야 한다. 그래서 친척 중 몸이 아픈 사람이 있으면 쾌유 할 때까지 기다려야 한다. 두 번째로 좋은 관을 사기 위해 돈을 모으는 시간이 필요하다. 가나 사람들은 고인을 좋은 관에 모시고 싶어 한다. 가족들이 가까이 살고 좋은 관을 살 돈이 있으면 장례를 빨리 치를 수 있지만 그렇지 않은 경우엔 여건을 마련할 때까지 기간이 길어지기도 한다. 이렇게 관의 규모나 장례식의 성대함이 죽은 이의 명성과 비례한다고 생각해 장례에 큰돈을 사용하는 문화는 가나에서 사회문제가 되고 있다. 따라서 이에 대한 비판과 함께 국가 차원에서 장례 절차를 간소화하는 법률을 검토 중이라고 한다.

가나에서는 사람이 죽으면 천당으로 간다는 믿음이 있기 때문에 장례를 축제처럼 치른다. 장례 당일 아침에는 큰 북을 울리며 함께 조가를 부른다. 특히 장례에 사용하는 관 모양이 독특한데, 고인이 평소 좋아했거나 가지고 싶어 했던 것들을 관 모양으로 제작한다. 자동차, 카메라, 식물, 좋아하던 동물 등 여러 모양의 관이 등장한다. 이렇게라도 고인의 한을 풀어주려는 의도와 함께 재미라는 요소를 도입한 것이다. 생전에 고인이 원했던 모양의 관을 제작하기 위해 많은 비용과 시간이 소요되어 장례기간이 길어지기도 한다.

최근 장례식에 사용되는 갖가지 모양의 관과 상여꾼들이 춤을 추는 문화가 여러 매체를 통해 세계적으로 보도되어 화제가 되기도 하였다. 음악에 맞추어 죽은 자를 헹가래치듯 들었다 놓았다 하고 다함께 춤을 추기도 하는 장면이었다. 요즘은 가족들에게 원하는 장례식 분위기를 조사하여 맞춤형으로 장례서비스를 제공하기도 한다. 가나의 이런 장례 행사나 관 제작 서비스, 상여 운구 서비스 등은 가나 청년에게 새로운 일자리 제공하는 데에 공헌하기도 한다.

참고문헌

- 김경랑, 「서아프리카 도곤 마스크의 신화적 상징과 사회적 기능」, 프랑스문화예술연구 제55집, p1~14, 2016.
- 김명희, 「아프리카 문화를 통한 춤의 형식과 제의식 연구」, 고려대학교 대학원, 2009.
- 장훈태. 「부르키나파소공화국 티에포족의 전통 노래에 나타난 신과의 소통 · 무화 정체성 고찰을 통한 선교」, 복음과 선교 제 41집, p183-232.
- 최웅락, 「케냐의 통과의례에 관한 상황화 연구 : 출생, 성인식, 결혼과 장례를 중심으로」, 서울신학대학교 신학전문대학원, 2010.
- 안식, 「아프리카 종교연구의 최근 동향과 전망 : 서구의 아프리카 종교이해의 한계와 현상학적 대안」. 한국아프리카학회지, p131-160, 2008.
- 박정영, 「특집 : 세계연극의 새로운 세대; 아프리카 공연예술의 역사와 시민연극 연극평론」 제72권 p88~92, 2014.
- e하늘 보건복지부 장사정보시스템 http://www.ehaneul.go.kr
- SBS 뉴스 [영상pick] 〈서아프리카의 '춤추는 장례식'…망자와의 즐거운 작별인사〉, http://news.sbs.co.kr/news/endPage.do?news_id=N1004319648&plink=COPYPASTE&cooper=SBSNEWSEND

[뉴질랜드]

1 뉴질랜드의 다양한 종교와 장례문화

뉴질랜드의 전통 종교와 생사관

뉴질랜드의 다양한 종교와 문화는 죽음에 대한 나름의 특수한 전통을 발전시켰다. 장례식은 여기에 참석한 사람들의 영적 가치와 신념을 확인할 수 있는 종교적, 문화적 장이었다. 시신을 안치하는 묘지도 영국국교, 가톨릭, 유대교 등 종교적 신념에 따라 다른 형태로 존재했다. 하지만 20세기 후반 이후로는 종교적 신념이나 전통 같은 관습은 점차 사라져 통합되고 있다.

뉴질랜드의 장례식에는 많은 기도와 주문, 암송, 노래 등이 사용되었다. 이런 기도와 노래를 통해 영혼이 이승을 떠나 축복 속에서 저승으로 갈 수 있다고 믿었기 때문이다. 그러나 21세기 들어 조문객이 고인을 위한 추모사를 입력할 수 있는 메모리얼 웹사이트가 발달하면서 전통적인 기도나 주문, 암송, 노래 등은 점차 사라지고 있다.

레잉가 곶. 마오리 부족의 신화는 죽은 영혼이 북쪽에 있는 레잉가 곶으로 여행을 떠난다고 믿는다.

뉴질랜드에서 사람이 죽으면 "쿠아 힝가 테 토타라 이 테 아오누이아 타네Kua hinga te tõtara i Te Waonui-a-tane"라는 주문을 암송한다. 이 주문은 "타네의 거대한 숲에서 토타라 나무가 쓰러졌다"라는 뜻이다. 토타라 나무는 크고 단단하여 큰 집이나 일상 쓰는 생활용품 등을 만드는 목재로 쓴다. 다시 말해 이러한 주문을 하는 것은 그 부족의 영적 혼이 세상에서 사라졌고, 부족의 입장에서 큰 버팀목이었던 매우 의미 있는 존재가 우리 곁을 떠나 그의 삶을 마감하였다는 것을 알리기 위한 것이다. 그 주문은 애도하는 조문객들의 마음속에서 다시 되뇌어져 암송된다.

마오리 신화에서는 죽은 영혼은 북쪽으로 여행을 떠난다고 믿는데, 이 부족은 그곳이 레잉가 곶Cape Reinga이라고 말한다. 마오리족 사람들은 누군가 세상을 떠나면 3일에 걸쳐 통곡 의식을 행한다. 죽음을 애도하고 현재 삶에서 멀어진 인간의 영혼이 살던 곳으로 돌아가는 동안 어떠한 일도 일어나지 않고 무탈한, 걱정 없는 여정이 되기를 기원하는 의식이다.

근대 뉴질랜드의 장례문화

1900년대까지만 해도 대부분의 뉴질랜드 사람들은 가족들이 돌보는 가운데 집에서 사망했지만 2000년대 들어 대부분의 사람들은 병원이나 호스피스 시설에서 죽음을 맞이하고 있다. 장례식장은 마오리족의 종교적 회합 장소인 마래marae나 교회당, 사원, 공공청사 건물, 야외 등 다양하다. 유족들은 세상을 떠난 고인의 삶에 대해 간략히 설명하는 광고obituary나 부고를 신문에 싣는다. 최근에는 인터넷 사이트나 이메일 등을 통해 부고를 게시하는 일도 많아졌다.

뉴질랜드에서 누군가 사망하면 먼저 시신에 대한 염습(laid out) 과정을 진행한다. 즉 시신을 세척하고 수의를 입혀 관 속에 안장한다. 과거에는 가족이나 친척 여성들이 염습을 진행했지만 이제는 대부분 장례사들이 한다. 2000년대에 들어서는 보통 시신을 방부처리embalming(화학약품에 의한 보존처리)가 먼저 이루어지게 되었다. 그래서 유족과 친구들은 장례식장에 가서야 비로소 고인의 시신을 볼 수 있다. 장례식에는 대부분 고인의 가족과 친구들만 참석한다. 물론 고인이 유력 인사일 경우 조문객들이 다양해진다. 에드먼드 힐러리Edmund Percival Hillary 같은 등산가나 마오리 부족의 여왕이 사망했을 때엔 국장으로 장례식을 거행하기도 했다.

뉴질랜드에는 1830년대 유럽에서 정착해 온 사람들에 의해 최초로 공원묘지가 조성되기 시작하였으며 1850년대부터는 지방 자치단체들이 공원묘지를 조성하기 시작했다. 공원묘지는 영국 국교회, 가톨릭, 유대교 등의 종교와 매장 전통에 따라 구역이 나뉘었다. 1909년에 처음으로 화장이 도입되었고 1960년대에 들어서 화장으로 장례하는 비율이 크게 증가하였으며, 2000년대 초반에 이르러서는 사망자의 60%가 화장을 하게 되었다. 하지만 일부 종교에서는 아직 화장을 허용하지 않고 있다.

장례에서 종교의 역할이 줄어들면서 화장은 오늘날 뉴질랜드 사람들이 가장 선호하는 장례 방식이 되었다. 뉴질랜드헤럴드지誌가 디지폴과 공동으로 조사한 바에 따르면, 뉴질랜드에서 사후에 화장을 희망하는 사람들의 비율은 48% 정도인 데 반해 매장은 32%의 비율을 보였다. 대학 등 연구기관이나 교육기관에 시신을 기증하고 싶다는 의사를 보인 사람도 12%나 되었다. 거기에 시신을 산과 알칼리 가수분해로 처리하는 방법을 희망한 사람도 0.9%였다. 화장보다 훨씬 더 친환경적이라는 이 방법을 선택한 응답자들은 거의 여성이었으며, 연령도 40세 미만이 대부분이었다. 화장에 대한 선호도는 18~40세 미만보다 70세 이상에서 약 10% 정도 더 높게 나타났다. 연령이 높아질수록 매장보다는 화장을 희망한다는 것을 알 수 있다.

화장을 희망하는 비율이 높은 가장 큰 이유는 비용으로 나타났다. 요즘 세대들이 돌아가신 선조들의 묘지를 자주 찾지 않는 점도 큰 이유

중 하나일 것이다.

전통적으로 마오리와 태평양 섬나라의 대부분에서 매장을 선호하고 유럽의 종교 또한 매장의 전통을 가지고 있지만, 지금은 화장을 금지하던 가톨릭에서조차 화장을 하는 경우가 늘고 있다. 아직 농촌 지역에서는 매장 선호도가 높은 편이지만, 요즈음은 대도시 지역에서는 장례식의 절반 이상이 종교예식과는 무관하게 치러지고 있다.

뉴질랜드에서 장례비용은 평균적으로 약 5백여만 원이 소요된다. 빈곤층의 경우엔 비싼 장례비용을 조달하기 위해서 여러 장례협회에 소액을 적립하는 관습이 있었지만 오늘날엔 그런 과정이 필요 없어졌다. 장례 치를 비용을 마련하기 어려울 경우엔 장례식 예배를 무상으로 받을 수 있으며, 사망자가 장기 기증자일 경우 장례식과 관련한 모든 비용을 면제해 주고 베일, 양초, 꽃 등도 무상으로 받을 수 있기 때문이다.

뉴질랜드의 노인들은 은퇴 뒤에도 대부분 도심 가까운 곳에 거주한다. 지방자치단체가 은퇴자들을 위해 운영하는 노인생활지원센터, 노인복지시설 등 노인을 위한 편의시설들이 도시 지역에 많기 때문이다. 뉴질랜드에서는 노인들이 자녀와의 교류가 활발한 편이어서 자녀와 매주 한 번 이상 만나거나 함께 생활하는 노인이 50%가 넘는다. 65세 이상 노인들 중 수입이 보장이 되는 일을 가지고 있는 노인도 16%가 넘는다. 뉴질랜드의 많은 노인들이 목축업에 종사하는데, 목축 일을 하는 노인은 혼자 살기 보다는 자녀와 함께 사는 경우가 많다.

2000년대에 들어 뉴질랜드에는 은퇴자 마을retirement villages로 이주하는 노인들의 수가 늘고 있다. 은퇴자 마을(부락)에 살면 주거공간을 독립적으로 보장받으면서도 일상생활에서 필요한 다양한 자원이나 요구도가 높은 의료서비스 등을 쉽게 받을 수 있다. 또한 일반 거주지의 주택들보다 의료와 가사지원 등의 서비스를 쉽게 이용할 수 있다는 장점도 가지고 있다. 은퇴자부락이 자랑하는 주거시설 가운데엔 잘 가꾸어진 정원과 공동이용이 가능한 식당, 연령 맞춤형 오락시설 등이 있다.

은퇴 노인이 이곳에서 생활할 경우에는 정기적으로 매월 집의 임대비용을 부담하는 것을 원칙으로 한다. 비용 부담이 힘든 노인들은 국가로부터 주택보조수당을 받을 수도 있다. 뉴질랜드에는 350여 개소가 넘는 은퇴자 부락에 수만 명의 노인들이 입주하여 생활하고 있으며 은퇴자 부락의 시설 확대가 지속적으로 이루어지고 있다.

은퇴자 부락에서 거주하다가 임종을 맞아 장례를 치르는 경우에는 부락 자치조직에서 장례식을 주관한다. 부락에 거주하는 노인들이 가족을 이뤄 가족장을 치르듯 장례식을 거행하는 것이다. 임종을 앞둔 노인들의 경우엔 생전에 예행 장례식을 치르기도 한다.

교회에서 치르는 장례식은 보통 5일장이며, 장례의식은 3시간 정도 진행된다. 복장은 검정색이면 좋지만 반드시 지켜야하는 예법은 아니다. 가족들도 평소 복장으로 참여하는 경우가 많다. 조의금은 없으며 꽃을 들고 가기도 하는데, 꽃의 종류는 상관이 없다.

교회 단상 정면에 고인의 관이 놓이고 관 위에 꽃 장식과 사진을 올려놓는다. 장례식에 참석한 사람들은 사진을 보며 고인을 그리워하고 추억한다. 추모객들은 고인을 기리는 시간을 가치 있게 여기고 감사한다. 조문을 온 방문객들은 맨 처음 교회당 입구에서 방명록을 쓰게 되는데, 장례식의 주최자는 고인의 사진을 앞면에 담은 작은 팸플릿을 조문 온 방문객들에게 나누어준다. 팸플릿에는 고인이 평소에 즐기던 시, 노래, 사진 등이 들어있다.

추모예배 뒤에는 가족들이 돌아가며 고인이 평소 즐기던 시를 낭송하고 고인에 대한 추모의 감정을 담은 편지를 낭독한다. 예배 뒤에는 관을 운구한다. 맨 앞에 선 남자 가족이 고인의 영정을 들고 앞장서면 6명이 양쪽에서 관을 들고 장례차로 이동하고 그 뒤로 조문객들이 행렬을 이뤄 따라간다.

장례차에 관이 실린 뒤 영정사진을 든 사람이 빨간 장미꽃잎을 담은 바구니를 들고 관 옆에 서면 조문객들이 한 명씩 차례대로 장미꽃잎을 조금씩 집어 관 위에 뿌리며 마지막 인사말을 건넨다. 교회에서 고인과 작별인사를 한 가족과 친지들은 고인이 안장될 장지로 따라 나선다. 장지에서도 한차례 간단한 예배의식을 하는데, 가족 대표가 고인을 위한 인사말을 간략히 하고 가족 및 친지들이 기도와 묵념을 하는 것으로 절차가 마무리된다.

2 마오리족 원주민들의 장례와 문화

뉴질랜드에서는 장례식을 마친 뒤에 유족과 조문객들이 모여 음식을 나누는 예식을 따로 치르는 등 아일랜드의 영향을 많이 받았다. 이런 풍습은 오늘날 마오리족에게서도 발견되는데, 이를 테 하카리 te hākari 또는 탕기 후 제례post-tangi feast라고 부른다. 조문객들이 음식을 준비해 와서 유족에게 나눠주고, 세상을 떠난 고인을 위해 집 주변에 나무를 심는 풍습도 있다. 뉴질랜드의 장례식은 많은 기도와 주문 암송, 노래가 동반된다. 마오리족의 장례에서는 이런 특색이 더욱 뚜렷이 나타나는데, 이렇게 해야 이승을 떠난 영혼이 축복 속에서 저승으로 갈 수 있다고 믿기 때문이다.

과거에 마오리 사회에서는 시체나 유골을 만진 자, 시체를 묘지로 운반한 자들은 일정 기간 다른 사람들과의 교류를 모두 차단했으며, 정해진 격리 기간이 끝나야 다른 사람들을 만날 수 있었다. 이 규정을 위반

하면 죽은 자의 영靈이 씌우게 된다고 믿었기 때문이다. 장례기간 동안 사용되었던 식기는 모두 깨뜨렸고 입었던 옷도 모두 찢어버림으로써 부정한 죽음이 살아있는 사람들에게 이르지 않도록 했다.

마오리 신화에서는 죽은 자의 영혼이 뉴질랜드 북쪽의 레잉가 곶Cape Reinga으로 여행을 떠난다고 생각했다. 마오리족 사람들은 누군가 세상을 떠나면 3일 동안 '탕가항가tangi-hanga(통곡 의식이라는 뜻)'라는 장례의식을 행한다. 이 세상을 떠난 영혼이 자기 고향으로 돌아가는 동안 별 탈 없이 편안한 여행길이 되기를 기원하는 의식이다.

마오리 사람들은 죽은 사람의 시신을 마오리인들이 모이는 장소인 마래로 옮겨 시신을 매장하기 전에 마지막으로 이별을 고하고 장지로 모신다. 마래에 조문객들이 방문하면 우는 소리를 한껏 높여서 조문객들을 맞이하는데, 이때 유족들은 조문객과 마오리의 전통 인사법인 코를 서로 비비면서 인사하는 방식으로 슬픔을 나눈다.

마오리족들의 죽음을 애도하는 장례의례는 여러 날 이어진다. 가족과 친구들은 장례식 내내 시신과 함께 지낸다. 조문객들은 고인에 대해 이야기 나누고, 기도하고, 노래하거나 조용히 고인을 추억한다. 탕기tangi는 '울다weep' 또는 '만가를 부르다sing a dirge'라는 뜻을 지닌다. 큰소리로 통곡하듯이 우는 것이 탕기의 특징이다.

마오리족의 전통 장례식에서는 영혼을 부르는 카랑가karanga와 주문을 외우는 화이코레로whaikōrero를 통해 고인을 다시 소환하는 의식을 행한다. 보통 시신은 관 속에 전시된다. 탕기는 보통 3일에 걸쳐 마래라 불리는 장소에서 진행되었지만, 도시화가 진행되면서 오늘날에는 근대

식 건물이나 자택에서 많이 이루어진다.

장례식이 시작되면 시신은 참석자들의 환영을 받으며 화나우 파니 whanau pani(유족)와 함께 마래로 입장한다. 탕기항가의 마지막 날에는 목사나 승려 또는 토훙가tohunga라는 토속 성직자가 주재하는 예배를 드린다. 이후 시신은 매장을 위해 우루파urupa라는 공원묘지로 향한다. 우루파의 출입구에는 물을 담은 작은 그릇이 놓여있다. 사람들은 우루파를 떠나며 손을 씻어 타푸tapu(액운)를 제거한다. 카웨 마테kawe mate(시신 운구)라는 예식을 할 때는 고인의 사진을 찍어서 탕기항가에 참가할 수 없었던 사람들에게 보낸다.

장례식이 거행되는 동안 마오리 부족의 연장자들은 시신 매장 장소를 의논한다. 논의를 통해 매장 장소를 결정하지 못할 경우엔 가족 중

마오리 부족의 전사들은 하카 춤을 통해 자신들의 용맹함과 강인함을 과시하고 결속력을 다졌다.

가장 연장자에게 결정권이 있다. 매장 장소가 결정되면 운구를 통해 시신을 옮기고 땅속 깊이 관을 묻는 것으로 장례 절차가 끝난다.

매장 의식과 풍습은 종족마다 조금씩 다르지만, 대부분 매장하는 동안에는 몸에 보석이나 금전을 지닐 수 없으며 음식이나 담배 등도 금한다. 매장을 마치고 집에 돌아오면 장례식을 무사히 치렀음을 자축하는 만찬을 갖는다.

마오리 족장의 묘

원래 마오리족은 매우 호전적인 종족이었다. 족장은 전사 또는 특별한 힘이 있는 사람으로 여겼다. 부족 전사들의 용맹함과 강인함을 상대에게 과시하는 하카 춤을 통해 부족 간의 살육과 식인을 대신하고 부족을 존속할 수 있었다. 부족 간의 전투 외에도 중요한 손님맞이, 부족 내 경조사 등에서 신의 은총을 빌기 위해 하카 춤을 활용했다.

마오리족은 산 중턱의 높고 평탄한 곳에 묘를 세웠는데, 지위가 높을수록 산 위쪽으로 올라갈 수 있었다. 족장 등 지위가 높은 사람들은 마오리족이 신성시하는 산에 안장되었다. 마오리족들은 조상의 묘를 자주 찾는데, 묘지에 갈 때엔 생화를 가져가서 묘에 꽂아놓고 온다.

3 오클랜드 공원묘지

뉴질랜드에는 9개의 공원 묘역이 있으며 마을 한가운데 있는 것들이 많다. 공원 묘역이 있는 곳들은 모두 대도시 인근이어서 쉽게 찾아갈 수 있다. 묘역들은 대부분 아름다운 산과 들과 강과 바다를 끼고 있다. 오클랜드 공원묘지는 10년 전부터 내국인은 물론 외국인들의 매장도 허용하고 있다. 뉴질랜드에서는 풍광을 고려한 아름다운 공원묘지를 조성하기 위해 애쓰고 있다.

오클랜드 공원묘지는 17헥타르(35에이커) 규모로 하버브릿지에서 수 킬로미터 북쪽에 있는 실버데일에 위치하고 있다. 공원묘지는 북동 방향으로 하우라키만을 끼고 원형극장처럼 조성되어 있으며, 평온하고도 자연의 미가 조화를 이루는 곳에 자리를 잡고 있다. 수백만 달러를 투입한 조경으로 뛰어난 경관을 자랑하며, 계단식 테라스들이 언덕 경사면을 에워싸고 있어 관리가 잘된 정원과도 같은 아늑함을 느낄 수 있다.

뛰어난 경관을 자랑하는 오클랜드 공원묘지는 관리가 잘된 정원과도 같은 아늑함을 느끼게 한다.

묘지 안을 걷거나 벤치에 앉아서 묵상에 잠기는 사람도 많다. 공원묘지 전역에 나무와 관목이 우거져서 공원 묘역 가까이 주변의 평화로운 경치와 조망을 경험할 수 있다. 피크닉이나 가족 나들이가 가능하고 자연과 어우러진 음악 행사도 열린다. 오클랜드 공원묘지는 죽음을 애도하는 장소일 뿐만 아니라 삶 속의 축복을 누리는 장소이기도 하다.

위키미디어 사진 출처

p46 슈파이어 성당
By Travelinho - Own work, CC BY-SA 3.0, https://commons.wikimedia.org/w/index.php?curid=60682350

p47 웨스트민스터 성당
By en:User:Tebbetts - en:User:Tebbetts on English Wikipedia, Public Domain, https://commons.wikimedia.org/w/index.php?curid=32020926

p52 몬테로찌 내부 벽화
By AlMare - Own work, Public Domain, https://commons.wikimedia.org/w/index.php?curid=657901

p54 베르기나
By Ziegler175 - Own work, CC BY-SA 3.0, https://commons.wikimedia.org/w/index.php?curid=66597012

p55 아스키아 무덤
By David Sessoms from Fribourg, Switzerland - IMG_0180, CC BY-SA 2.0, https://commons.wikimedia.org/w/index.php?curid=5687387

p78 무령왕릉 묘지석
By mentaldesperado (a flickr user) - https://www.flickr.com/photos/mentaldesperado/157242959/in/set-72157594150901228/, CC BY-SA 2.0, https://commons.wikimedia.org/w/index.php?curid=1007327

p80 수릉 홍살문
By 한국어 위키백과의 Shrhd25 - ko.wikipedia에서 공용으로 옮겨왔습니다., 퍼블릭 도메인, https://commons.wikimedia.org/w/index.php?curid=45225172

p86 진도 다시래기
국립민속박물관 사진자료

p93 메이지 신궁
By 영어 위키백과의 Harajuku – 자작, 퍼블릭 도메인, https://commons.wikimedia.org/w/index.php?curid=26589568

p97 고덴
By Chris 73 / Wikimedia Commons, CC 表示–継承 3.0, https://commons.wikimedia.org/w/index.php?curid=19693

p107 봉오도리 축제
By 藤谷良秀(Yoshihide Fujitani) – 投稿者自身による作品, CC 表示–継承 3.0, https://commons.wikimedia.org/w/index.php?curid=20710575

p112 청나라 장례행렬
By William Alexander - Internet Archive, Public Domain, https://commons.wikimedia.org/w/index.php?curid=30870508

p115 현관장
By Zhangzhugang - Own work, CC BY-SA 3.0, https://commons.wikimedia.org/w/index.php?curid=21254000

p135 파드마 삼바바
By John Hill - Own work, CC BY-SA 3.0, https://commons.wikimedia.org/w/index.php?curid=11763754

p153 룸비니 마야데비 사원
By Photo Dharma from Penang, Malaysia - 002 Mayadevi Temple from South, Lumbini, CC BY 2.0, https://commons.wikimedia.org/w/index.php?curid=37363658

p193 스코그쉬르코고르덴
By Holger.Ellgaard - Own work, CC BY-SA 3.0, https://commons.wikimedia.org/w/index.php?curid=3077465

p203 몽파르나스 묘지
By Jérôme Blum - Own work, CC BY-SA 2.0 fr, https://commons.wikimedia.org/w/index.php?curid=1036660

p204 몽마르트르 묘지
By Tijmen Stam (User:IIVQ) - selfmade / hugin, CC BY-SA 2.5, https://commons.wikimedia.org/w/index.php?curid=1609969

p210 달의 피라미드
By Mariordo (Mario Roberto Duran Ortiz) - Own work, CC BY-SA 4.0, https://commons.wikimedia.org/w/index.php?curid=40266658

p213 과달루페 대성당
De Juan Carlos Fonseca Mata - Trabajo propio, CC BY-SA 4.0, https://commons.wikimedia.org/w/index.php?curid=41473263

p234 루오 부족
By Tropenmuseum, part of the National Museum of World Cultures, CC BY-SA 3.0, https://commons.wikimedia.org/w/index.php?curid=20351800

p238 도곤족의 춤
By Devriese - Originally uploaded to Flickr as Dogon #12, CC BY 3.0, https://commons.wikimedia.org/w/index.php?curid=5735088

p244 레잉가 곶
By LuizCent - Own work, CC BY-SA 4.0, https://commons.wikimedia.org/w/index.php?curid=61801659